BAUSTEINE

Sprachbuch

2

Unverbundene Schrift

Erarbeitet von
Björn Bauch, Ulrike Dirzus,
Matthias Greven, Gabriele Hinze,
Alexandra Isack und Hans-Peter Schmidt

Diesterweg

Inhalt

2 Übungsaufgabe

2 Zusatzaufgabe mit geringem Anspruchsniveau

2 Zusatzaufgabe mit höherem Anspruchsniveau

Mein Sprachbuch

- Lernziele der Seite
- passende Seiten des Übungshefts
- Verweise zum Förderheft (FÖ) und Forderheft (FO)

10. Was schreit die Prinzessin immer?
8. Wo spielen Nils und Mia Fußball?
5. Wie viele Bären sind in dem Zoo?
12. Welche Tiere findest du auf den Frühlingsseiten?
11. Wie heißt das längste Wort auf Seite 104?
13. Wie heißt der Teil des Buches, in dem du alle Wörter findest?
9. Welche Farben hat die Ideen-Mütze?

Abc, wohin ich seh

1 Was ist auf den Fotos zu sehen?

2 Schreibe die Wörter in den Körben der Reihe nach untereinander auf.

3 Markiere die Anfangsbuchstaben. Sie sind nach dem Abc geordnet.

- Abc als Ordnungssystem kennenlernen und anwenden
- Seite 4
- FO: Seite 4–7
- FÖ: Seite 37

1 Lies die Namen der Kinder.

2 Schreibe die Namen nach dem Abc geordnet auf.

3 Markiere immer den Anfangsbuchstaben: Anna, …

Abc-Gedicht

A B C — Quiesel ist am See.
D E F — Er ist hier der Chef.
G H I — Alle klatschen auf die …
J K L — Hopp, hopp, hopp, ganz …!
M N O — Alle sitzen auf dem …
P Q R — Die Pfoten hebt der …
S T U — Ein Wettlauf mit der …
V und W — Jeder zeigt den …
X Y Z — Zum Schluss ein Sprung vom …

1 Lest das Abc-Gedicht vor. Ergänzt die Wörter.

2 Schreibe das Gedicht ab und male dazu.

3 Lerne das Abc-Gedicht auswendig.

Abc-Spiele

4 Wie heißen die Nachbarbuchstaben? Schreibe so: A B C, J …

5 Hängt euch Abc-Karten um. Spielt das Nachbarspiel.

Sport mit Quiesel

▲ll▲ tr▲ff▲en s▲ch ▲m W▲ss▲rl▲ch.
Z▲ B▲g▲nn s▲ll▲n ▲ll▲ ▲s▲l s▲chs R▲nd▲n
r▲nn▲n. D▲r ▲g▲l s▲ll m▲t d▲m Fr▲sch ▲ns
▲nd▲r▲ ▲f▲r schw▲mm▲n.
W▲r w▲hl g▲w▲nnt?

1 Welche Buchstaben fehlen? Quiesel hilft dir.

2 Schreibe den Text richtig auf.

3 Markiere die Buchstaben, die du eingesetzt hast.

A – E – I – O – U a – e – i – o – u sind **Selbstlaute**.
Alle anderen Buchstaben sind **Mitlaute**.

H▢se N▢del G▢ld Sch▢le B▢ch

H▢se N▢del G▢ld Sch▢le B▢ch

4 Welche Selbstlaute passen?
Schreibe die Wörter auf: Hase, Hose, ...

5 Finde weitere Wörter, bei denen du einen Selbstlaut austauschen kannst.

Spielzeug-Abc

A

ab
der **Abend**
acht
der **Affe**
alle
alt
am
antworten
der **Apfel**
die **Apfelsine**
der **April**
arbeiten
der **Astronaut**
das **Auge**

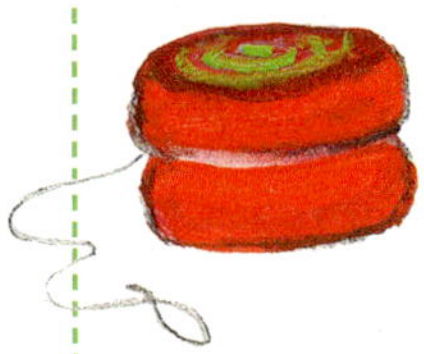

1 Schreibe die Wörter zu den Bildern. Benutze die Wörterliste.

2 Führe das Spielzeug-Abc fort oder schreibe ein eigenes Spielzeug-Abc.

3 Schreibe aus der Wörterliste immer das letzte Wort zu jedem Buchstaben auf.

- in der Wörterliste nachschlagen
- Spielzeug-Abc aufschreiben

- Seite 5

- FO: Seite 4–7
- FÖ: Seite 38

Abschreiben mit der Quiesel-Karte

 Lies das Wort und sprich es deutlich.
Merke dir die schwierigen Stellen.

 Decke das Wort mit der Karte ab.

 Schreibe das Wort auf. Sprich leise mit.
Vergleiche dein Wort mit der Vorlage.

~~Bilda~~ Ein Fehler?

Bilder Streiche dein Wort durch und schreibe es richtig auf.

1 Was bedeuten die Zeichen? Lies und erkläre.

 Bilder malen

Lisa malt ein Haus.
Neben dem Haus ist ein Baum.
Tim malt eine Kröte im Gras.
Hanna malt einen Hasen.

2 Schreibe den Text ab.
Benutze dabei die Quiesel-Karte.

In der Schule

1 Erzählt zu dem Bild:
- Was gefällt euch?
- Was gefällt euch nicht?

2 Sucht euch Situationen aus und spielt sie nach.
Erzählt, wie ihr euch dabei fühlt.

- Gefühle aussprechen und Gefühle anderer verstehen
- Konflikte regeln

- FO: Seite 8–11

1 Wie müsst ihr miteinander umgehen, damit sich alle wohlfühlen?

Ich helfe meiner Freundin.

2 Schreibt auf Karten, was ihr dafür tun müsst.

3 Stellt eure Karten den anderen Kindern vor.

Wir leihen uns gegenseitig Dinge aus.

Mit Regeln geht es besser

1 Wie sind die Karten geordnet?

2 Zu welchen Karten haben Tom und Sina Regeln gefunden?

3 Ordnet eure Karten.

4 Findet zu den Karten Klassenregeln.

5 Gestaltet ein Regelplakat und hängt es in der Klasse auf.

Im Klassenzimmer

1 Lest die Wortkarten. Was haben die Kinder mit den Wortkarten gemacht?

2 Wie ordnen die Kinder jetzt die Wortkarten an der Tafel?

3 Schreibe die Wörter auf. Ordne so:
Menschen: Lehrerin, Lea, ...
Tiere: ...
Pflanzen: ...
Dinge: ...

4 Markiere die Großbuchstaben farbig: Lehrerin, ...

Nomen sind Namen für **Menschen, Tiere, Pflanzen** und **Dinge**.
Nomen schreiben wir **groß**.

der – die – das – Spiele

1 Erklärt das Spiel.

2 Bildet Gruppen. Schreibt Wortkarten und **der**-**die**-**das**-Karten. Spielt das Spiel.

Nomen können als **Artikel** (Begleiter) **der, die** oder **das** haben.

3 Spielt so: Zeichnet die Tabelle. Ein Kind sagt leise das Abc auf, bis das andere Kind STOPP sagt. Jetzt füllt jeder zu dem gefundenen Buchstaben die Tabelle aus. Für jedes richtige Wort gibt es einen Punkt.

4 Suche aus der Wörterliste zu jedem Artikel (Begleiter) drei Nomen. Schreibe sie auf.

- bestimmten Artikel/Begleiter des Nomens kennenlernen
- Suchen in der Wörterliste

- Seite 9

- FO: Seite 8–11
- FÖ: Seite 43

Einzahl-Mehrzahl-Paare

der Stuhl
der Tisch
der Ball
die Schere
die Tafel
das Heft
das Buch
das Brot
das Kind

1 Erklärt die Spielregel.

2 Welcher Artikel (Begleiter) steht immer auf den Karten mit den zwei Punkten?

3 Stellt das Spiel her. Überprüft die Mehrzahlkarten mit der Wörterliste.

Nomen gibt es in der **Einzahl** und in der **Mehrzahl**.

das Fenster das Haus der Spielplatz die Klassenregel
die Frau der Ausflug die Tochter das Plakat der Schulhof

4 Schreibe alle Nomen in der Einzahl und in der Mehrzahl auf:
das Fenster – die Fenster, ...

5 Markiere die Großbuchstaben.

So arbeitest du mit der Profikarte

1. Dies sind die Übungswörter. Schreibe sie auf die Profikarte.

W

das Kind
der Lehrer
das Plakat
die Schule
die Tür

die Klasse
die Regel
wollen
bunt
alle

2. Hier schreibst du die Übungswörter hin. Kontrolliere genau, ob du alles richtig geschrieben hast. Markiere in den Wörtern für dich schwierige Stellen farbig.

Profikarte 1 Name: Greta

	das Kind		
	der Lehrer		
	das Plakat		

3. Lass dir die Wörter von der Profikarte diktieren. Schreibe sie in dein Heft.

4. Du hast ein Wort richtig geschrieben. Male eine kleine Murmel an.

5. Nach den vier kleinen Murmeln kommt die große Murmel. Male sie an.

15. 9.

das Kind

der Lehrer

- Profikarte kennenlernen
- Übungswörter mit der Profikarte üben

- Seite 9

- FO: Seite 8–11
- FÖ: Seite 33

Greta und Jonas üben mit den Profikarten

Greta und Jonas lesen die Wörter.

Greta diktiert Jonas ein Wort von seiner Profikarte.

Jonas schreibt das Wort in sein Heft.

~~Schpaß~~ falsch: Jonas streicht das Wort durch und schreibt es noch einmal.
Spaß richtig: Jonas darf auf seiner Profikarte eine kleine Murmel anmalen.

Wer vier kleine Murmeln in einer Reihe angemalt hat,
darf die große Murmel anmalen.

1 **Schreibe die Übungswörter auf deine Profikarte.**
Übe wie Jonas und Greta.

Partnerdiktat

1. Ein Kind liest die Sätze langsam und deutlich vor.
2. Das andere Kind schreibt die Wörter in sein Heft.
3. Beide schauen genau, ob alles richtig geschrieben ist.
4. Nach dem Diktat diktiert das andere Kind.

Schule
Die Kinder schreiben Regeln auf. Das bunte Plakat
kleben sie an die Tür. Daran wollen sich
alle in der Klasse halten. Auch der Lehrer macht mit.

2 **Übe den Text mit einem anderen Kind als Partnerdiktat.**

Fit mit Quiesel 1

Ordnen nach dem Abc

1 Schreibe die Wörter nach dem Abc geordnet auf: Ameise, Ball, ...

2 Markiere in allen Wörtern die Selbstlaute.

Großschreibung von Nomen

menschen gehen auf zwei beinen. hefte und bücher stehen im schrank. äpfel und birnen sind gesund. quiesel mag am liebsten bananen. hasen und rehe wohnen im wald. kühe stehen auf der weide und fressen.

3 Schreibe die Sätze richtig auf.

4 Markiere die Großbuchstaben.

- Ordnen nach dem Abc
- Selbstlaute erkennen
- Großschreibung von Nomen

- Seite 5
- Seite 8

- FÖ: Seite 37, 40

Nomen in der Einzahl und Mehrzahl

1 Schreibe zu den Bildern die Nomen in der Einzahl und in der Mehrzahl auf. Schreibe auch die Artikel (Begleiter) dazu.

Einzahl	Mehrzahl
das Buch	die Bücher
…	…

Menschen, Tiere, Pflanzen, Dinge

2 Schreibe die Nomen mit Artikel (Begleiter) geordnet auf.

Ordne so:

Menschen: die Lehrerin, …

Tiere: …

Pflanzen: …

Dinge: …

Bei uns zu Hause

1 Warum treffen sich diese Menschen?

2 Wie sind die Menschen miteinander verwandt? Woran kannst du das erkennen?

3 Warum wird Frau Kalisch mit verschiedenen Namen angesprochen?

4 Schreibe möglichst viele Verwandte von dir auf. Unterstreiche das Wort, das zeigt, wie ihr verwandt seid:
<u>Opa</u> Siggi, <u>Tante</u> Else, …

- Familienmodelle/ Verwandtschaft
- Funktion der Anrede

- FO: Seite 12–15

1 Wer hat was für dieses Familienfest vorbereitet?

2 Welche Aufgaben gibt es bei dir zu Hause?

3 Schreibe auf, wer bei euch zu Hause was macht?
Papa kauft ein. ...

Allerhand zu tun

fege spülen sauge sortiert reinigt tragen

1 Schreibe auf, was die Menschen tun. Ich fege den Weg. Wir …

2 Welche Wörter sagen, was jemand tut? Unterstreiche sie rot.

3 Überlege, was du zu Hause noch alles tun kannst.
Spiele es vor. Die anderen Kinder raten.

4 Schreibe auch dazu Sätze.

Verben geben an, was jemand tut: laufen, schreiben

sie sortiert spielen spülen laufen lachen sie reinigt
er läuft er spült er lacht reinigen sie trägt er fegt
fegen sortieren sie spült tragen

5 Bilde Wortpaare. Schreibe sie so auf:
fegen – er fegt, …

Die **Wir-Form** der Verben ist wie die **Grundform**: wir fegen
In der Grundform stehen die Verben in der Wörterliste.

- Funktion des Verbs
- Grundform und Personalformen von Verben

• Seite 12

• FO: Seite 12–15
• FÖ: Seite 50

Fünf-Finger-Geschichten

1 Warum heißen diese Geschichten Fünf-Finger-Geschichten?

nach der Schule holt mich Papa ab dann spielen wir sofort
mit der Eisenbahn Papa schaut auch die Hausaufgaben nach
am Abend sehen wir Handball das ist ganz schön aufregend

2 Warum ist diese Geschichte schwer zu lesen?

Am Ende eines Satzes steht ein **Punkt**.
Satzanfänge schreibt man **groß**: Das ist meine Familie.

3 Schreibe die Geschichte ab.
Beginne für jeden Satz eine neue Zeile.
Setze die Punkte und schreibe
die Satzanfänge groß.

4 Schreibe selbst eine Fünf-Finger-Geschichte
zu deiner Familie.

Ro-bo-ter spie-len

1 Sprich, wie es die Roboter tun.
Gehe, klatsche oder schwinge zu jeder Silbe.

Garten lachen artig Kartei Martin dürfen
Karton Onkel Tante farbig warten tanzen
Kuchen Mädchen Drachen Märchenfest Apfelsaft
Nudelsalat Kartoffelschalen

2 Sprich die Wörter deutlich in Silben.

3 Schreibe die Wörter ab. Zeichne die Silbenbögen ein:
Garten, lachen, ...

4 Schreibe die Wörter in Silben. Markiere in jedem Wort den Selbstlaut. Was fällt dir auf? On – kel, ...

5 Finde möglichst lange Wörter und schreibe sie mit Silbenbögen auf.

Silben sind Wortteile. Jede Silbe hat mindestens einen Selbstlaut: Tan-te

• Wörter in Silben gliedern

• Seite 14

• FO: Seite 12–15
• FÖ: Seite 17

Indianerdiktat

W

die Küche
der Kuchen
lachen
machen
tanzen

der Bruder
die Familie
die Mutter
der Vater
alles

1. Lege den Text an eine entfernte Stelle.
2. Schleiche zum Text.
3. Merke dir ein paar Wörter.
   Achte besonders auf die schwierigen Stellen.
4. Schreibe auf, was du dir gemerkt hast.
5. Schleiche wieder zum Text und übe weiter.
6. Überprüfe genau, ob du alles richtig hast.

Nach dem Fest
Das Fest ist aus. Gemeinsam machen wir alles sauber.
Wir warten noch auf Vater und Mutter. Sie essen in der Küche heimlich Kuchen. Mein Bruder und ich lachen laut.

1 Übe den Text als Indianerdiktat.

2 Übe die Wörter aus dem Wörterkasten als Indianerdiktat.

Lecker, lecker

1 Was kann man auf dem Markt kaufen?

2 Was passiert den Kindern am Stand von Bauer Meier? Spielt und findet Lösungen.

- Gesprächssituation nachspielen
- eigene Lösung finden

- FO: Seite 16–19

250 g Kartoffeln
250 g Möhren
1 Ei
1 Päckchen geriebener Käse
1/2 l Milch
1 Bund frische Kräuter

1 Die Kinder wollen Kartoffel-Gemüse-Waffeln machen.
Lies den Einkaufszettel.

2 An welchen Ständen kaufen sie die Zutaten?

3 Was ist dein Lieblingsgericht? Was musst du dafür einkaufen?

4 Schreibe für dein Lieblingsgericht einen Einkaufszettel.

Kartoffel-Gemüse-Waffeln

1 Welche Zutaten brauchst du? Zähle sie auf.

2 Wie heißen die verschiedenen Küchengeräte?

3 Wie werden Waffeln gemacht? Erkläre.

4 Schreibe auf, wie du Waffeln backst. Benutze die richtigen Wörter für die Zutaten und die Küchengeräte.

5 Probiert euer Rezept aus.

Kartoffel-Gemüse-Waffeln

Zutaten:
- 250 g Möhren
- 250 g Kartoffeln
- ...

Zubereitung:
- Kartoffeln schälen
- ...

• Rezept schreiben und ausprobieren

• FO: Seite 16–19

Wie ist es?

hart	saftig	rot	sauer	grün	scharf	lang
krumm	groß	weich	süß	kalt	glatt	wässrig

1 Welches Obst und Gemüse probieren die Kinder? Wie ist es?

2 Wie ist das Obst? Wie ist das Gemüse?
Schreibe es auf: Der Apfel ist grün.

3 Unterstreiche die Wörter, die sagen, wie etwas ist.

Adjektive sagen, wie etwas ist. Der Apfel ist grün.

hart	saftig	dick
dunkel	klein	heiß
alt	lang	billig

groß	weich	kurz
neu	trocken	teuer
hell	dünn	kalt

4 Schreibe die Adjektive als Gegensätze auf:
hart – weich, ...

5 Erfinde selbst solche Rätsel wie Quiesel.

In der Küche

Kuch · Nud · Löff · Sparg · Waff · Waffeleis · Bech · Apf · Of

Schüss · Mess · Butt · Zuck · Pfeff · Möhr · Kartoff · Tell · Brat

1 Welche Endungen fehlen?

2 Schreibe die Nomen geordnet auf.

-el	-en	-er
die Waffel	...	...

3 Suche in der Wörterliste weitere Wörter mit **-el, -en, -er**.

Im Keller steht ein voller T .

Mutter backt immer mit B .

Seinen Rüssel taucht der Elefant in die S .

Sprudel trinkt Quiesel mit einer N .

Mit dem Messer isst man b .

Unter den Buchen essen wir K .

4 Findest du die Reimwörter? Schreibe die Sätze auf.

- Nomen mit -el, -er, -en im Auslaut
- Reimwörter

- Seite 19

- FO: Seite 16–19
- FÖ: Seite 9–10

Wörter-Rezepte

1 Sprich dir die Wörter einmal deutlich mit **G** und dann einmal mit **K**. Wie klingt es besser? Schreibe die Wörter auf.

2 Überprüfe mit der Wörterliste, ob du die Wörter richtig geschrieben hast.

3 Markiere die Anfangsbuchstaben und sprich die Wörter dabei noch einmal deutlich.

W

der Becher
das Gemüse
die Nudel
kauen
gern

die Waffel
essen
gesund
lecker
süß

Gustav Gurke gibt gerne große Geschenke.

Kasper Karl knabbert kleine Karotten.

Grimmige Grillen graben große Gruben.

Kluge Kröten kriegen keine Küsse.

4 Lies die Zungenbrecher. Sprich sie schnell und deutlich.

5 Suche dir einen Zungenbrecher aus und lerne ihn auswendig.

Was Kinder essen

Nina hat süße Waffeln. Ihre Freunde essen leckere Brote. Berti kaut Gemüse. Das ist gesund. Er mag auch gern Nudeln. Jeder trinkt einen Becher Milch.

6 Übe den Text als Indianerdiktat.

• Wörter mit G/g und K/k im Auslaut
• Abschreibtext (28 Wörter)

• Seite 20

• FO: Seite 16–19
• FÖ: Seite 6

Fit mit Quiesel 2

Großschreibung von Satzanfängen

Quiesel macht Sport er geht in die Umkleidekabine heute will er seine neuen Turnschuhe anziehen dann geht er in die Turnhalle zuerst springt er über ein Seil danach spielt er noch mit dem Ball seine neuen Turnschuhe machen ihn noch schneller

1 Schreibe den Text ab. Setze Punkte und schreibe die Satzanfänge groß.

Wörter in Silben gliedern

2 Sprich die Wörter deutlich in Silben.

3 Schreibe die Wörter ab. Zeichne Silbenbögen ein: Freunde, …

4 Markiere in jeder Silbe den Selbstlaut.

Vertauschte Silben

As tro naut ge Au ne Bie Hüh ei ner pu ter Com spenst
Ge zem De ber schirm Fall schenk Ge sa Nu lat del

5 Ordne die Silben und schreibe die Wörter richtig auf.

- Satzgrenzen erkennen
- Großschreibung am Satzanfang
- Silben

- Seite 13
- Seite 14

- FÖ: Seite 66–67, 17

G/g oder K/k?

urke ummi nabbern lück

lettern eburtstag ehen locke

roß alt atze

1 Beginnen die Wörter mit **G/g** oder **K/k**?
Sprich die Wörter deutlich und schreibe sie richtig auf.

Welche Endung passt?

Schlüss Wag Brud Onk Schnab Drach

Kab Fad Kartoff Bett Mutt Wass

Zwieb Nad Wirb Pfeff Würf Tell

2 Enden die Wörter mit **-er**, **-en** oder **-el**?
Sprich die Wörter deutlich und schreibe sie richtig auf.

Verben und Adjektive

Die Mutter arbeitet im Büro.
Die Tochter macht Hausaufgaben.
Quiesel ist groß und stark.
Gemüse wächst im Garten.
Der Apfel schmeckt sauer.
Paul versteckt die Bananen.

3 Schreibe die Sätze ab.

4 Unterstreiche die Verben.

5 Unterstreiche die Adjektive.

Die Bären sind los

1 Erzählt zu dem Bild.

2 Wo würdest du in diesem Zoo am liebsten stehen bleiben? Warum?

3 Welche Bären siehst du? Schreibe die Namen in dein Heft.

- zum Bild erzählen
- von eigenen Vorlieben berichten

- FO: Seite 20–23

1 Wähle einen Bären aus.
Sammle Informationen zu ihm:
- in Büchern nachschlagen
- im Internet nachschauen.

2 Gestaltet gemeinsam
eine Bärenausstellung.

Ein Bärenabenteuer

1 Erzählt zu jedem Bild. Überlegt auch:
- Warum bringen die Männer den Baumstamm?
- Wozu benutzt der Bär den Baumstamm?
- Was machen die Kinder?

2 Was könnte im fünften Bild passieren?

Bärengehege	Baumstamm	Wassergraben	
Bärenpfleger	heben	untersuchen	
hinaufklettern	riesig	schwer	später

3 Schreibe die Geschichte. Du kannst sie dir als Film vorstellen.
Denke auch an eine passende Überschrift. Achte auf die richtige Reihenfolge.

- Bildergeschichte genau untersuchen und mit sprachlichen Inhalten füllen

- FO: Seite 20–23

Wichtig oder unwichtig?

Der Bär bricht aus

Zwei Bärenwärter heben einen riesigen Baumstamm in das Bärengehege. Am Anfang untersucht der Bär den Baumstamm und spielt mit ihm. Der Bär klettert aus dem Gehege. Etwas später liegt der Baumstamm über dem Wassergraben. Die Zoobesucher erschrecken sehr. Schnell locken die Bärenpfleger den Bären mit Leckereien in das Gehege zurück. Alle sind erleichtert.

1 Was hat den Kindern an der Geschichte gut gefallen? Worauf wollen sie noch achten?

2 Was gefällt dir an der Geschichte?

3 Überprüfe, ob die Schreibtipps beachtet wurden. Was würdest du ändern?

4 Schreibe den überarbeiteten Text auf.

5 Überarbeite deine eigene Bärengeschichte mit den Schreibtipps und schreibe deinen überarbeiteten Text auf.

Interview mit der Bärenpflegerin

1 Lest das Gespräch mit verteilten Rollen.

2 Welche Sätze sind Fragen? Welche Sätze sind Antworten?
Woran erkennst du das?

3 Schreibe die Fragen und die Antworten in dein Heft.
Setze bei den Fragen ein **?** an das Satzende.
Setze bei den Antworten einen **.** an das Satzende.

Bären schlafen in der Nacht.

Ich arbeite gern mit Tieren.

Ich hatte schon mehrere gefährliche Situationen mit Bären.

4 Welche Fragen haben die Kinder gestellt? Schreibe sie auf.

Wenn du eine Antwort willst, stellst du eine **Frage**.
Am Ende eines Fragesatzes steht ein **Fragezeichen (?)**.
Was macht eine Bärenpflegerin?

- Fragesatz erkennen
- Fragezeichen am Ende des Fragesatzes

- Seite 22

- FO: Seite 20–23
- FÖ: Seite 68

Die Bärenpflegerin bei der Arbeit

1 Was braucht die Bärenpflegerin für ihre Arbeit?

Fleisch Jacke Fisch Besen Gummistiefel
Schaufel Honig Schubkarre Schürze Äpfel Messer Latzhose

2 Ordnet die Gegenstände nach **Futter, Kleidung** und **Arbeitsgeräten**.

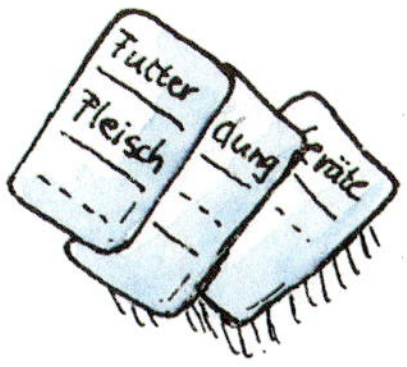

3 Schreibe Listen für **Futter, Kleidung** und **Arbeitsgeräte**.

Würfel-Bingo

Lippenbär	Europa	Afrika	Koalabär
Australien	Pandabär	Ohren	Krallen
Tatzen	Schwanz	Eisbär	Malaienbär
Schnauze	Braunbär	Amerika	Asien

4 Ihr braucht:

Die Würfel-Zahlen bedeuten:

⚀ und ⚁ = Bärennamen
⚂ und ⚃ = Körperteile von Tieren
⚄ und ⚅ = Erdteile

Es wird reihum gewürfelt. Jeder legt eine Büroklammer auf ein Wort, das zur gewürfelten Zahl passt. Wer vier Klammern in eine Reihe legen kann, ruft: Bingo!

Langer oder kurzer Selbstlaut?

H o nig Gr a ben Pfl e ge Br o t K ä fig B e sen P e lz

H o se F u tter W a sser W u rst

Gr a s N u ss M e sser A st

F e ll Fl o sse Schw a nz Br i llenbär

Armprobe

1 Prüfe, ob der markierte Selbstlaut lang oder kurz gesprochen wird. Mache dabei die Armprobe.
Sprich das Wort so, dass der Selbstlaut einmal sehr kurz klingt und einmal sehr lang. Was hört sich besser an?

2 Schreibe die Wörter auf. Markiere kurze Selbstlaute mit einem Punkt, lange Selbstlaute mit einem Strich: Futter, Honig, …

3 Untersuche die Wörter mit dem kurzen Selbstlaut.
Wie viele Mitlaute kommen nach dem kurzen Selbstlaut?

4 Sortiere die Wörter mit den kurzen Selbstlauten.
Schreibe erst die Wörter mit den doppelten Mitlauten auf: Futter, …
Schreibe dann die Wörter mit verschiedenen Mitlauten auf: Schwanz, …

Nach einem kurzen Selbstlaut kommen mehrere Mitlaute: Schwanz, Futter.
Hörst du nach einem kurzen Selbstlaut nur einen Mitlaut, musst du ihn verdoppeln: Futter, Messer.

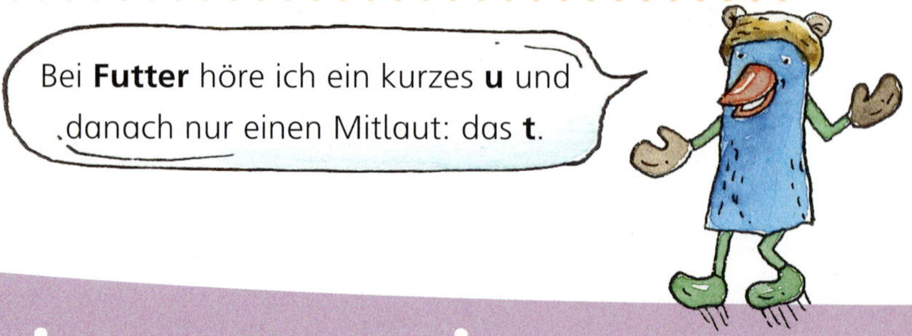

- Armprobe einführen, Umgang mit ihr vorstellen
- Doppelkonsonanz

- Seite 23

- FO: Seite 20–23
- FÖ: Seite 18–20

Kontrollieren mit der Quiesel-Karte

W

das Futter
der Wärter
füttern
klettern
nass

der Bär
die Tatze
der Zoo
spielen
neugierig

pia im Zoo
Pia geht in den Zoo. Sie besucht die Bärren.
die Braunbären toben und kletern herum.
Zu den eisbären geht Pia heute nicht.
Sie ist schon erkätet.

erkätet.

1 Kontrolliere den Text mit der Quiesel-Karte.
Finde die sechs Fehler.

Pia im Zoo
Pia geht in den Zoo. Sie besucht die Bären.
Die Braunbären toben und klettern herum.
Zu den Eisbären geht Pia heute nicht.
Sie ist schon erkältet.

2 Übe den Text als Indianerdiktat.

3 Kontrolliere deinen Text mit der Quiesel-Karte.

Rund ums Buch

1 Was können die Kinder in ihrer Lesezeit alles machen?

2 Was möchtest du in deiner Lesezeit machen?

3 Bringt Bücher für euren Lesetisch mit.

- von eigenen Vorlieben berichten
- Lesetisch gestalten

- FO: Seite 24–27

1 Stelle dein Lieblingsbuch vor:

- Wie heißt es?
- Wer hat es geschrieben?
- Was gefällt dir besonders daran?
- Suche dir eine besondere Stelle.

Lege ein Lesezeichen hinein und lies sie vor.

Willi Wäscheknopf

1 Was kann Willi Wäscheknopf erleben? Erzählt.

2 Falte und klebe selbst ein Buch.

3 Schreibe und gestalte eine Geschichte. Du kannst
- die Geschichte von Willi Wäscheknopf weiterschreiben.
- dir eine eigene Geschichte ausdenken. Die Ideenkiste hilft dir dabei.

4 Stellt eure Bücher vor. Legt sie in der Klasse aus, damit alle sie lesen können.

• Fantasiegeschichte aufschreiben und gestalten

• FO: Seite 24–27

Bücher, Bücher, Bücher

Alev hat sich zum Geburtstag Bücher gewünscht. Roberto schenkt ihr ein Katzenbuch. Von Pauline bekommt sie ein Geschichtenbuch. Henri hat ihr ein Liederbuch gekauft und Luisa bringt ihr ein Hexenbuch mit. Am Abend schaut sich Alev ihre neuen Bücher traurig an. Sie sagt zu ihrer Mama: „Ich habe vergessen meinen Freunden etwas Wichtiges zu sagen. Ich mag doch am liebsten Pferdebücher."

1 Warum hat Alev nicht das zum Geburtstag bekommen, was sie sich gewünscht hat?

2 Welche Bücher hat Alev geschenkt bekommen? Schreibe sie auf.

3 Schreibe die zusammengesetzten Nomen so auf:
die Geister + das Buch = das Geisterbuch, ...

4 Schreibe zusammengesetzte Nomen mit **Papier**:
das Briefpapier, das Tonpapier, ...

Nomen kann man zusammensetzen.
Mit **zusammengesetzten Nomen** kann man sich genauer ausdrücken:
die Pferde + das Buch ➔ das Pferdebuch

Spuk in der Leseecke

MÄRCHEN  REGAL
FLASCHEN  BOTE
RITTER  GRABEN
EIER  ZEIGER
GARTEN  KATZE

FENSTER  ÜBERFALL
GIPS 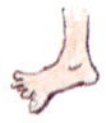 BALL
PUPPEN  HEBER
KATZEN  BÜRSTE
GURKEN  TÜR

1 Diese Riesenwörter kannst du so zerlegen: Märchenbuch – Buchregal, …

Der Bücherdrache

Bücherdrachenbrauchenachtzigbücherineinernacht.

Brauchenfauchendedrachenauchmärchenbücher?

Achtfrechedrachenschleichennachtsdurchdiebücherei.

Riechendrachenauchmalnichtnachrauch?

2 Lest die Sätze laut vor. Was fällt euch auf?

3 Schreibe die Sätze richtig auf.
Achte auf die Großschreibung der Nomen.
Markiere immer das **ch**: Bücherdrachen brauchen achtzig …

4 Sprich die Sätze möglichst deutlich.

5 Denke dir selbst einen lustigen Satz mit möglichst vielen ch-Wörtern aus.

B/b oder P/p?

__aul geht gerne mit seinem __ruder __enjamin in die __ücherei. Manchmal __asteln sie dort __ücher aus __appe und __apier. Oft kommt auch ihr __apa mit in die __ücherei. Dann suchen sich die __eiden Jungen ein __uch aus und __apa liest es ihnen im __ark neben der __ücherei vor.

1 Setze **B/b** oder **P/p** ein. Sprich die Wörter erst einmal deutlich mit **P/p**, dann mit **B/b**. Was klingt besser? Schreibe den Text auf.

2 Überprüfe mit der Wörterliste, ob du die Wörter richtig geschrieben hast.

3 Markiere die Anfangsbuchstaben der Wörter mit **B/b** und **P/p**. Sprich die Wörter dabei deutlich.

W

das Buch
die Bücherei
die Geschichte
die Pappe
frech

das Papier
der Titel
vorlesen
vorstellen
spannend

Der freche Drache
Jona findet in der Bücherei ein spannendes Buch über einen frechen Drachen. In der Geschichte futtert der Drache gern Papier. Jona will den anderen Kindern das Buch vorstellen. Er möchte daraus etwas vorlesen.

4 Schreibe alle Nomen aus dem Text mit ihrem Artikel (Begleiter) auf.

Fit mit Quiesel 3

Fragen und Antworten

Warum trägt Quiesel Turnschuhe	Es ist drei Uhr
Wie spät ist es	Ich gehe in die Stadt
Wann gehst du einkaufen	Er will heute Sport machen
Hast du Geschwister	Es hat heute geregnet
Wohin gehst du	Den Einkauf mache ich morgen
Warum ist die Straße nass	Ja, ich habe drei Brüder

1 **Schreibe immer eine Frage mit der passenden Antwort auf.**

2 **Kontrolliere, ob du die Satzzeichen richtig gesetzt hast.**

Zusammengesetzte Nomen

Sport Fußball Leder Haus

Schuhe

Quiesel hat sich zu seinem Geburtstag ganz viele Schuhe gewünscht. Für den Sportunterricht braucht er dringend neue . Im Fußballtraining schießt er schon länger keine Tore mehr. Deshalb hat er sich auch neue  gewünscht. Seine Gäste müssen die dreckigen Schuhe ausziehen und die  anziehen. Am meisten freut sich Quiesel über die schicken, glänzenden .

3 **Lies den Text. Setze die richtigen zusammengesetzten Nomen ein.**

4 **Schreibe den Text in dein Heft.**

Ein Quiesel, der Sport treibt, ist ein ?.
Arbeitet Quiesel in der Werkstatt, ist er ein ?.
Hat Quiesel Angst, ist er ein ?.
Macht Quiesel Quatsch, ist er ein ?.

5 **Finde für Quiesel passende Namen und setze sie ein.**

6 **Schreibe die Sätze auf.**

- Fragesatz erkennen
- zusammengesetzte Nomen bilden

- Seite 22
- Seite 26

- FÖ: Seite 68, 47–48

B/b oder P/p?

__irat __irne __ücherei __apa __är __alme

__aum __lume __apier __elz __appe __leiben

__all __ett __insel __uppe __lühen __oltern

__assen

1 Sprich die Wörter deutlich.
Musst du **B/b** oder **P/p** einsetzen?

2 Schreibe die Wörter richtig in dein Heft.

Verdoppeln oder nicht?

Pfe__er Su__e Wa__d Ho__ig

Ga__el Schra__k Wa__er Va__e

Ha__e Bu__er Ba__k He__te

Sa__t O__en Ka__er Bro__

3 Schreibe die Wörter richtig auf.

4 Markiere die Selbstlaute so: Pfeffer, …

Piraten, ahoi!

1 Wie leben die Piraten? Erzähle.

2 Wovon erzählen Piraten abends am Lagerfeuer?
Denke dir selbst eine Geschichte aus.

- Würfelspiel
- eine eigene Piratengeschichte erfinden

- FO: Seite 28–31

1 Wie heißen das Schiff und die Besatzung? Löse die Bilderrätsel.

2 Spielt das Spiel.

Wörter-Geschichten

1 Ergänzt eure Wörtersammlung zum Thema Piraten.

2 Sucht euch drei Wörter für eine Geschichte aus.

3 Erzähle zwei anderen Kindern deine Geschichte.

4 Schreibe deine Geschichte auf.

5 Tauscht die Geschichten aus. Kommen alle Wörter vor, die ihr ausgesucht habt?

- Wörter sammeln
- Abenteuergeschichte erfinden und aufschreiben

- FO: Seite 28–31

Passende Wörter finden

Alle Mann von Bord
Die Schiffsglocke ertönt und alle Piraten gehen an Land. Zwei Piraten haben ein Holzbein und können nur langsam gehen. Auch einige Mäuschen gehen von Bord. Auf der Insel gehen die Piraten weite Strecken, um ihre Schätze zu vergraben. Dabei gehen sie durch den Sand oder sie gehen über die Felsen. Manchmal müssen sie auch schnell zum Schiff gehen, damit sie die Abfahrt nicht verpassen.

Probiert diese Bewegungen aus: eilen, rennen, humpeln, schlurfen, marschieren, huschen, trippeln, stapfen, wandern, klettern, schleichen, flitzen, laufen.

1 Lies den Text. Was fällt dir auf?

2 Überarbeite die Geschichte.
Setze für **gehen** passende Wörter ein.
Quiesels Vorschläge helfen dir.

Gibt es Wörter, die besser passen?

Stimmt die Reihenfolge der Geschichte?

Passt die Überschrift?

3 Überprüfe deinen Text mit Hilfe der Schreibtipps. Markiere, was du noch verändern möchtest.

4 Überarbeite deine Geschichte und schreibe sie auf.

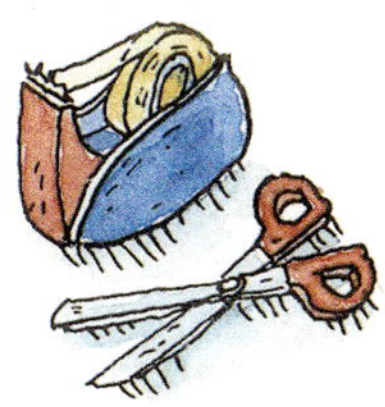

Piraten bei der Arbeit

Ich trage einen schweren Schatz.

Ich suche einen guten Platz.

Ich grabe diesen Schatz hier ein.

Ich mache ein Zeichen ganz geheim.

Wir tragen einen schweren Schatz.

Wir ...

Ihr könnt das auch singen und spielen.

1 Schreibe auf, was die kleinen Piraten antworten.

2 Findet neue Strophen zu dem Piraten-Lied.

3 Ordne die Wortkarten zu.

4 Schreibe die Verben auf. Kreise die Endungen ein:
ich: ich baue, ich ...
er: baut, er ...
wir: wir bauen, wir ...

• Verben in der Personalform

• Seite 32

• FO: Seite 28–31
• FÖ: Seite 51–52

Piraten-Rätsel

1 Löse die Rätsel. Schreibe die Lösungen auf.

2 Suche in den drei Lösungen immer das letzte Wort.
Unterstreiche den ersten Buchstaben.
Das Lösungswort sagt dir, was Piraten oft brauchen.

Piraten-Träume

1 Welche Wörter gehören zusammen? Warum?

2 Schreibe zu den Wörtern mit **äu** die passenden Wörter mit **au**:
die Mäuse – die Maus, …

Piraten haben oft leere B_che.
Sie tr_men h_fig vom Essen.
Wenn sie an Land einkaufen, fürchten sich
die Verk_fer vor ihren F_sten.
Auf dem Schiff tragen sie ihre Vorräte
in die Lader_me.
Dann freuen sich die M_se.

3 Schreibe den Text richtig ab.
Markiere alle **äu**.

4 Suche nach weiteren äu/au-Wörtern.

Die Quiesel-Kanone

W

der Bauch
die Qualle
der Räuber
quasseln
träumen
quer

das Meer
der Pirat
der Schatz
das Schiff
gefährlich
voll

1 Finde Reimwörter mit **Qu/qu**.

2 Schreibe die Reimpaare so auf: stark – Quark, …

M 3 Schreibe die Qu/qu-Wörter auf eine Profikarte und übe sie.

4 Erfinde kleine Piraten-Gedichte und trage sie vor.

Räuber auf dem Meer
Piraten segeln kreuz und quer über das Meer.
Sie rauben Schiffe aus. Das ist oft gefährlich.
Auf ihrem Schiff quasseln sie von Monsterquallen
und Schatzkisten. Sie träumen mit vollen Bäuchen.
Auch die kleinen Mäuse auf dem Schiff träumen mit.

5 Überprüfe deinen Text.
Lies ihn Wort für Wort von hinten mit der Quiesel-Karte.

Bauen und wohnen

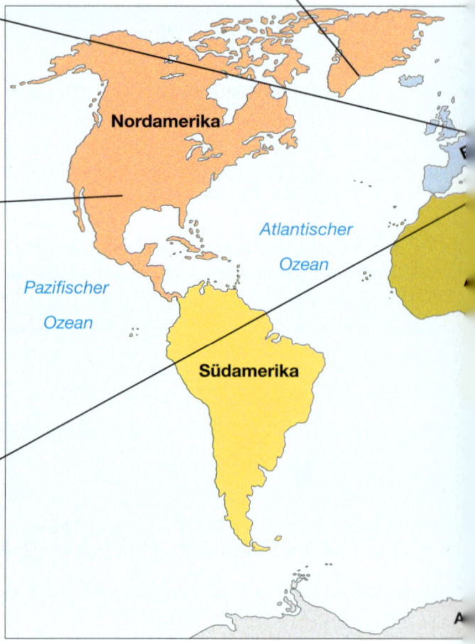

Iglu Baumhaus Höhle Wolkenkratzer
Wohnmobil Jurte Hausboot

1 Erzählt zu den Häusern. Verwendet die Namen aus dem Kasten.

2 Was ist das Besondere an den verschiedenen Häusern?

3 Wie kommt es, dass die Menschen so unterschiedlich bauen?

- Namen zuordnen
- Bilder beschreiben

- FO: Seite 32–35

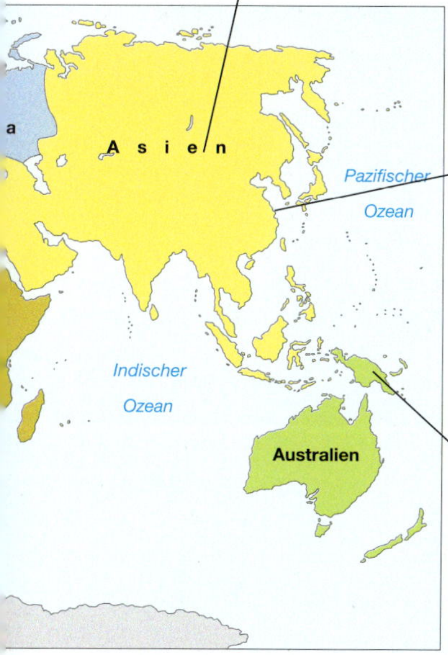

1 In welchem Haus möchtest du am liebsten wohnen? Schreibe Vorteile und Nachteile zu diesem Haus in eine Tabelle.

2 Vergleicht eure Ergebnisse.

So leben Menschen

Auch heute noch: Höhlenmenschen
In Tunesien (Matmata) leben auch heute noch Höhlenmenschen. Die Höhlen haben sie selbst gegraben und in Stein gehauen. Von innen wirken die Zimmer gar nicht wie eine Höhle. Es stehen dort sogar Möbel. Die Höhlen sind im Sommer schön kühl. Im Hof gibt es eine Wasserstelle. Es gibt keinen Strom und daher auch keinen Kühlschrank. Die Menschen hängen das Fleisch auf Leinen. So trocknet es und ist länger haltbar.

Steckbrief:
Leben in Höhlen

An welchen Orten?
Matmata in Tunesien

Mit welchem Material wurde gebaut?
Die Höhlen wurden in Stein gehauen oder in den Boden gegraben.

Was ist interessant?
Es gibt kein fließendes Wasser wie bei uns und keine Kühlschränke.

Zeichnung:

von Pia

1 Lest den Text über die Höhlenmenschen.

2 Vergleicht den Steckbrief mit dem Text.

3 Woher haben die Kinder die Informationen? Lege dazu eine Folie über die Buchseite. Markiere so die Stellen im Text.

Leben in der Baumkrone
Die Korowai sind ein Stamm im Dschungel. Sie errichten Häuser in Baumkronen. In der Höhe ist es nicht so heiß und es weht ein frischer Wind. Dort oben gibt es keine Insekten oder giftige Schlangen und sie haben guten Schutz vor Feinden. Die Häuser werden aus Holzstangen, Palmwedel und Holzrinde gebaut. Mit Leitern und Lianen kommen Korowai in ihre Häuser.

Das Iglu
Es gibt auch Menschen (Inuit), die in der Arktis leben. Dort ist es sehr kalt. Wenn die Inuit auf Robbenjagd gehen, bauen sie als Schutzhütte ein Iglu. Sie schichten Eisblöcke übereinander. Die Ritzen dichten sie mit Schnee ab. Im Iglu ist es viel wärmer als draußen.

4 Lest die Texte. Klärt Wörter, die ihr nicht versteht.

5 Suche dir einen Text aus. Schreibe einen Steckbrief.

- Informationen einholen
- Steckbrief verfassen

- FO: Seite 32–35

Wortfamilie bauen

1 Welche Wörter mit **BAU** findest du? Schreibe sie auf.

2 Male bei jedem Wort einen Stamm um den Wortteil, der gleich bleibt: auf bau en, der Bau markt

Wörter mit demselben **Wortstamm** gehören zu einer **Wortfamilie**.

Pedro arbeitet auf einer . Mit anderen  er Häuser. Doch heute will er auf einer Weide ein Zelt .  Norbert hat es ihm erlaubt. Zuerst liest Pedro nun die . Schnell gelingt ihm der .

3 Setze die passenden Wörter aus der Wortfamilie **BAUEN** ein. Schreibe den Text auf.

Wohnwagen Spielzimmer bewohnen verspielt gewöhnen spielerisch Wohnort Spielwiese Wohnsitz Einwohner ausspielen Spieler Spielregel bewohnt

4 Schreibe die Wörter nach Wortfamilien geordnet auf. Markiere immer den Wortstamm.

5 Suche zu jeder Wortfamilie weitere Wörter.

Wir ziehen um

1 Welche Gegenstände sollen beim Umzug mitgenommen werden? Schlage sie in der Wörterliste nach und schreibe sie auf.

2 Markiere in jedem Wort das **ie**. Prüfe mit der Armprobe, ob es lang oder kurz ist. Was fällt dir auf?

Wenn man ein langes „i" hört, schreibt man meistens **ie**.

Anna und Noah s_nd im K_nderz_mmer. S_ s_ngen _mmer w_der L_der und sp_len auf dem Klav_r. Anschl_ßend malen s_ ein B_ld. Anna zeichnet mit dem St_ft eine W_se und eine große B_ne. Noah w_ll noch v_le weitere T_re malen. Er zeichnet eine Z_ge und einen w_lden St_r.

3 Musst du **i** oder **ie** einsetzen? Überprüfe die Wörter mit der Armprobe.

4 Schreibe den Text richtig auf.

Viktors verrückte Villa

W

das Klavier
die Vase
umziehen
viel
vier
vorsichtig

die Höhle
das Iglu
die Villa
wohnen
groß
endlich

1 Aus welchen Wörtern hat Viktor sein Haus gebaut?
Schreibe erst die Nomen, dann die übrigen Wörter mit **V/v** auf.

M **2** Schreibe die Wörter auf eine Profikarte und übe sie.

3 Schreibe ein Abc mit v-Wörtern: Advent, brav, clever, …

Der Umzug

Pauls Eltern haben ein Haus gebaut. Heute ziehen sie endlich um. Vier Nachbarn bringen das Klavier in das Wohnzimmer. Mutter trägt eine große Vase. Paul darf auch helfen. Alle arbeiten vorsichtig. Vater kocht für die vielen Helfer eine Suppe.

4 Schreibe alle V/v-Wörter und alle ie-Wörter heraus.

Fit mit Quiesel 4

Wörter mit äu und au

die Zäune	der Käufer	täuschen	der Zaun	kaufen	die Haut
aufräumen	die Häute	säugen	das Haus	der Staub	der Tausch
räuchern	bestäuben	äußerlich	der Raum	außen	saugen
gesäubert	häuslich	geräuschlos	der Rauch	sauber	rauschen

1 Welche Wörter gehören zusammen? Schreibe so: die Zäune – der Zaun, …

der Räuber die Bäume die Häuser die Mäuse die Geräusche
säuerlich geräuchert ausräumen Bäuerin häufig

2 Suche zu jedem Wort mit **äu** ein verwandtes Wort mit **au**.
Schreibe so: der Räuber – rauben, …

Staubsauger geläufig Säugetier rauben käuflich Seeräuber Verkäuferin
Läufer Verkäufer käuflich saugen verkaufen Laufstrecke räuberisch
kaufen Einkaufswagen Postraub Säugling laufen Kaufhaus

3 Welche Wörter gehören zusammen?
Schreibe sie zusammen auf und markiere **äu** oder **au**.

• verwandte Wörter mit äu/au
• Wortfamilien

• Seite 33

• FÖ: Seite 65

Schwierige Wörter üben und Fehler finden

1 In dem Bild sind Wörter mit **ie, Qu/qu** und **V/v** versteckt.
Schreibe erst alle ie-Wörter auf, dann die Wörter mit **Qu/qu** und **V/v**.

Tante Viola

Tante Viola wohnt in einer Willa. Immer wenn fon ihr ||
ein Einladungsbrief kommt, gwiekt meine kleine Schwester |
for Freude. Sie quasselt den ganzen Tag und macht Kwatsch. ||
In sieben Tagen fahren wir. Bei meiner Tante spielen Fater und ich |
oft Klavir. Im Garten der Villa kann man auch Zigen füttern. ||

2 Im Text sind Fehler. Finde sie mit der gedrehten Quiesel-Karte.

3 Schreibe den Text richtig auf.

Verbformen

quieken	mache	macht	spiele	kommen	komme
kommt	quiekt	spielen	spielt	machen	quieke

4 Schreibe Wortkarten und ordne sie.

5 Schreibe die Verben auf. Kreise die Endungen ein:
ich: ich mache, ich ...
er: er macht, er ...
wir: wir machen, ...

Du und ich

1 Was machen Nils und Mia miteinander?

2 Sucht euch ein Bild aus und spielt dazu.
- Erzähle, wie du dich dabei fühlst.
- Tauscht die Rollen. Wie fühlst du dich jetzt?

3 Wie soll deiner Meinung nach ein Freund sein?

- Rollenspiel entwickeln
- Gedanken zu Freundschaft formulieren

- FO: Seite 36–39

1 Erzähle von deinen Erlebnissen mit einem Freund oder einer Freundin.

- Wer war dabei?
- Wann war es?
- Wo war es?
- Was habt ihr erlebt?

Wirklich erlebt

1 Welche Anfänge von Geschichten sind gelungen?
Schau dir noch einmal die Quiesel-Tipps an.

Den Anfang einer Geschichte nennt man auch **Einleitung**.

wichtige Wörter sammeln

gleich aufschreiben

Bild malen

Geschichte als Film vorstellen

2 Erkläre die Karten. Wie bereitest du deine Geschichte vor?

3 Was hast du mit einem Freund oder einer Freundin erlebt?
Schreibe die Geschichte.

- Teile einer Geschichte erkennen: Einleitung
- Erlebnisgeschichte aufschreiben

- FO: Seite 36–39

Schreibkonferenz

Stimmt die Reihenfolge der Geschichte?

Einleitung:
Wer? Wann? Wo? Was?

Passt die Überschrift?

Auf Paul kann man sich verlassen
Wir fuhren ans Meer. Und Paul durfte mit.
Wir sind natürlich gleich zum Meer gelaufen. Aber es war nicht da. Paul meinte, irgendjemand habe den Stöpsel herausgezogen. Ich musste laut lachen. Dann gingen wir weiter. Doch plötzlich kam das Wasser wieder. Ich bekam richtig Angst. Paul meinte, dass wir schnell zurückmüssten. Es war Flut. Er hatte recht. Es wurde immer mehr Wasser. Gut, dass Paul wusste, wie man wieder ans Ufer kommt.
Auf Paul kann man sich eben verlassen.

1 Was meinen die Kinder? Wie würdest du die Geschichte überarbeiten?

2 Schreibe die Geschichte auf.

3 Überarbeite deine Freundschafts-Geschichte mit den Schreibtipps. Schreibe sie auf.

Streiten und vertragen

1 Was macht Mia so sauer? Spielt es nach.

Tut mir leid!	Warum passt du nicht besser auf?
Das habe ich nicht gewollt.	Das war ein Versehen.
Ich verstehe, dass du sauer bist.	Entschuldigung!
Es ist doch nur ein Spiel.	Ich habe den Würfel falsch gelesen.
Ich will auch einmal gewinnen.	Ich habe die Figur verwechselt.
Es kommt nicht wieder vor.	Du und dein blödes Spiel!

2 Welche Sätze kann Nils sagen, damit der Streit beendet wird?

3 Spielt noch einmal. Was sagt Nils? Wie fühlt sich Mia?

Liebe Mia,
ich war gestern wirklich nicht nett zu dir. Schön, dass du
meine Entschuldigung angenommen hast. Es tut
mir wirklich leid. Ich werde es auch nicht wieder tun.
Wollen wir morgen spielen?
Dein Nils

4 Kannst du den Brief lesen? Was kann dir dabei helfen?

5 Schreibe den Text richtig auf.

- sprachliche Mittel zur Konfliktlösung einsetzen
- Geheimschrift lesen

• FO: Seite 36–39

Spiele mit Sprache

1 Erklärt das Spiel.

2 Spielt das Spiel. Benutzt die Wörter von der Tafel.

3 Schreibe alle Wörter mit drei Silben so auf: Taschentuch, …

4 Markiere die Selbstlaute.

Ei Kartoffelbrei
Graugans
Buchstabe
Freund
Trainingsanzug

Baustellenfahrzeug
Säule aufräumen
Fahrrad heute
Maibaum Säugling
vielleicht
Heuhaufen Kaiser

bleiben
Stau

5 Schreibe die Wörter auf und zeichne die Silbenbögen ein. Markiere die Selbstlaute. Was fällt dir auf?

Doppellaute bestehen aus zwei Selbstlauten: ai, ei, au, äu, eu.
Man nennt sie auch **Zwielaute**. Sie werden immer lang gesprochen.

Wörter nachschlagen

1 Schreibe die Wörter auf Wortkarten.

2 Sortiere die Wortkarten nach dem Abc und klebe sie auf.

3 Wie heißen die Wörter zu den Bildern?

4 Schlage die Wörter nach und schreibe sie auf Wortkarten.

5 Markiere den zweiten Buchstaben und sortiere nach dem Abc. Klebe die Wortkarten auf.

6 Löse diese Aufgabe wie Aufgabe 4 und 5.

Wörter mit D/d oder T/t

…ube …ame …ose …üse …ragen …asche
…reppe …ürfen …enken …rei …ort …urstig
…rachen …reffen …asse …axi
…räumen …rommel

1 Setze **D/d** und **T/t** ein. Sprich die Wörter einmal mit **D/d** und einmal mit **T/t**. Was klingt besser? Schreibe die Wörter auf.

2 Kontrolliere die Wörter mit der Wörterliste.

W

die Dose
der Tag
die Tasche
denken
treffen
drei

der Freund
das Glück
fahren
jetzt
weg
wieder

Drei Dachdecker decken dir dein Dach.
Dein Dach decken dir drei Dachdecker.

Tausend träge Trampeltiere tragen
traurig Trommeln. Trommeln tragen
tausend träge Trampeltiere traurig.

3 Lies die Zungenbrecher. Sprich sie schnell und deutlich.

4 Suche dir einen Zungenbrecher aus und lerne ihn auswendig.

Nils ist traurig

Die Klasse fährt drei Tage weg. Nils hat seine Tasche schon fertig. Aber jetzt ist er traurig. Er hat sich den Daumen an einer Dose aufgeschnitten. Nils denkt an seine Freunde. Sie werden ihm sicher mit der Tasche helfen. Ein Glück!

5 Schreibe die Nomen in der Einzahl und der Mehrzahl auf. Welches Nomen bleibt übrig?

Geniale Erfindungen

Alleswisser-Maschine   Anzieh-Sessel
Speisen-Automat   Hausaufgaben-Maschine
Ideen-Mütze   Aufräum-Roboter

1 Erzählt von der Erfinder-Messe.

2 Wie heißen die Erfindungen?

3 Welche Maschine gefällt dir am besten? Warum?

- Namen zuordnen
- Bilder beschreiben

- FO: Seite 40–43

1 Was würdest du erfinden?
Schreibe den Namen deiner Erfindung auf
und zeichne sie.

2 Schreibe auf, wie deine Erfindung funktioniert.

So bastelst du eine Ideen-Mütze

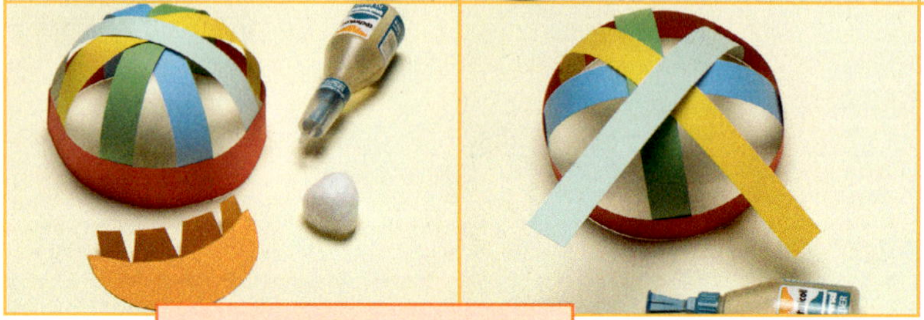

Ideen-Mütze

Das brauchst du:
4 Tonpapierstreifen 30 cm, 1 roten Tonpapierstreifen 60 cm, Schere, Kleber, Watte

So wird die Mütze gebastelt:
Schneide aus verschiedenfarbigem Karton gleich breite Streifen.

Schneide den Schirm für deine Mütze und klebe ihn an.

Nimm den roten Streifen und klebe ihn so zusammen, dass er um deinen Kopf passt.

Forme aus Watte eine Kugel. Klebe sie auf die Mütze.

Klebe die anderen Streifenenden von innen an den roten Streifen. In der Mitte sollen sich alle Streifen überkreuzen. Klebe alle Streifen auch dort zusammen.

1 Besprecht, wie man eine Ideen-Mütze bastelt.

2 Schreibe die Bastelanleitung in der richtigen Reihenfolge auf.

3 Bastle die Ideen-Mütze.

• Bastelanleitung sortieren und aufschreiben

• FO: Seite 40–43

Der Anzieh-Sessel

1 Lest die Sätze. Achtet auf die Betonung.

2 Schreibe die Sätze auf.
Achte auf die Ausrufezeichen und markiere sie.

Nach Aufforderungssätzen (Komm mit**!**) oder Ausrufen (Oh ja**!**) steht oft ein **Ausrufezeichen** (**!**).

Ⓜ **3** Der Speisen-Automat hat eine Wörtersuppe gekocht.
Schreibe die Wörter richtig auf.

4 Markiere in den Wörtern das **x**.

5 Bilde Sätze mit den Wörtern und schreibe sie auf.

Weitere Erfindungen

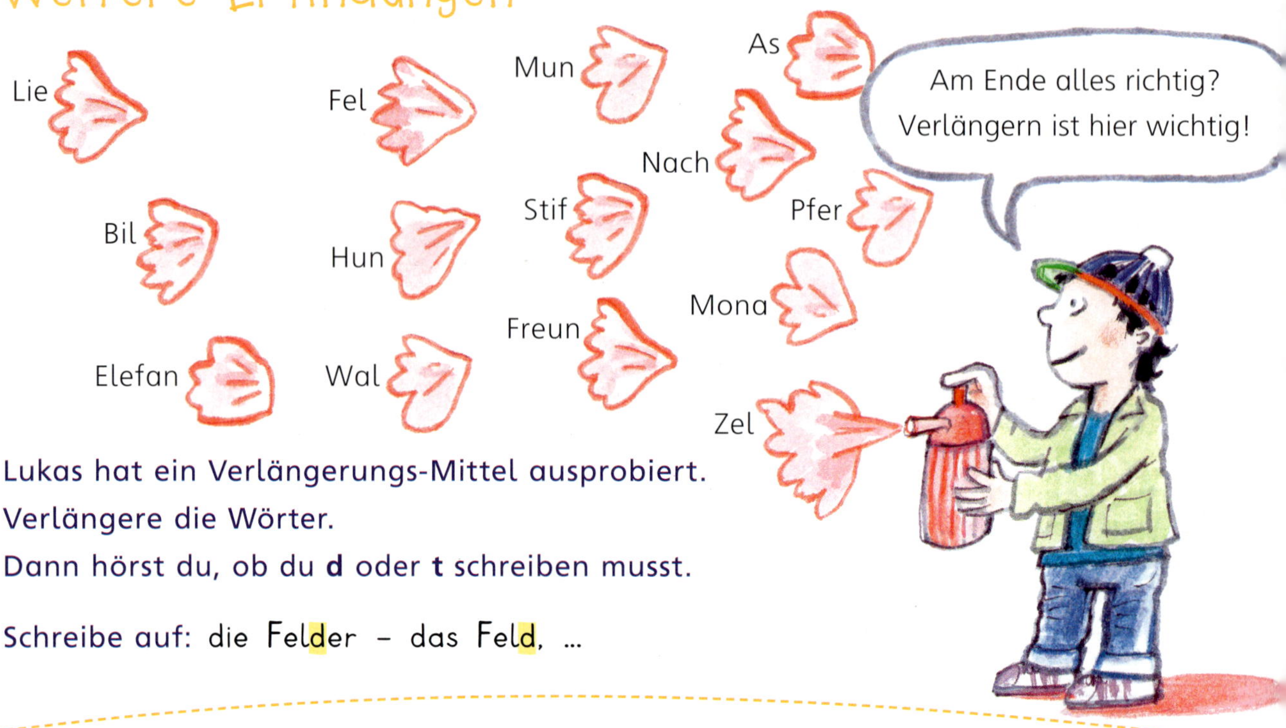

1 Lukas hat ein Verlängerungs-Mittel ausprobiert.
Verlängere die Wörter.
Dann hörst du, ob du **d** oder **t** schreiben musst.

2 Schreibe auf: die Felder – das Feld, …

3 Welches Wort hat der Mixer geschluckt?

4 Mixe die Wörter.
Schreibe so auf: Klasse – Klessa, …

5 Erfinde eigene Mixer-Wörter und schreibe sie auf.

• Auslautverhärtung: -t/-d
• Vokale vertauschen

• Seite 46

• FO: Seite 40–43
• FÖ: Seite 11

Auf der Erfinder-Messe

führen
führen
lesen
schwinden
singen
singen
sprechen
raten
lesen
tragen
laufen
sprechen
tragen
laufen

W

der Hund
der Text
das Zelt
verschwinden
vorführen
fix

die Erfindung
die Idee
die Maschine
der Professor
basteln
wichtig

1 Quiesel sitzt in seiner Nebelmaschine und hat die Wörter vernebelt. Schreibe sie richtig auf.

Erfindungen

Leon und Nina schauen sich tolle Erfindungen an. Ein Professor führt seine Erfindung vor. Er lässt einen Hund verschwinden und wieder auftauchen. Es gibt auch eine Maschine für Hausaufgaben. Sie kann ganz fix Texte schreiben. Am besten gefällt den Kindern die Idee-Mütze. Die haben sie sich gleich nachgebastelt.

2 Übe den Text als Partnerdiktat.

Fit mit Quiesel 5

D/d oder T/t?

elefon rei ube orte

ieb rinken ose ecke

ackel axi urst ier

1 Wie heißen die Wörter? Sprich deutlich.

2 Ordne die Wörter nach dem Abc.

In Silben zerlegen

Do | se | Ta | sche | den | ken

treffen | Schwimmmeister | Freunde

fahren | packen | wieder | Treppe

zusammen | trinken | dürfen | Pausenspiele

Wörterbuchseite | Haustürschlüsselanhänger

3 Welche Wörter haben die Kinder schon zerlegt?

4 Schreibe alle Wörter so auf: Do-se, Ta- …

- Wörter mit D/d und T/t im Anlaut
- Wörter in Silben gliedern

- Seite 42
- Seite 40

- FÖ: Seite 5, 17

Am Ende d oder t?

Hun … Stif … Elefan … Klei …
Pira … Hef … Zel … Mon …
Bil … Hem … Rin … Kin …
Pfer … Zei …

1 Setze **d** oder **t** am Wortende ein und schreibe die Wörter so auf:
viele Hunde – ein Hund, viele Stifte – …

Was passt?

Alle wollen bei dem Ver/Vor steckspiel mitmachen. Paul muss laut bis 20 ver/vor zählen. Quiesel ver/vor kriecht sich in einer Regentonne. Eva ist weit ver/vor gelaufen und ver/vor birgt sich hinter einem Baum. Ali ver/vor kleidet sich schnell. Semra ver/vor schwindet hinter einer Hecke. Tim muss sich ver/vor sehen. Doch da hat Paul ihn entdeckt. Tim will ver/vor rennen, aber Paul ist schneller. Tim hat ver/vor loren. Nun muss er etwas ver/vor lesen oder ver/vor singen.

2 Welcher Wortbaustein passt? Schreibe den Text richtig auf.

Es war einmal

1 Erzählt zu dem Bild.
Was fällt euch auf?

2 Bei welchen Bildern stimmt etwas nicht?
Wie muss es richtig sein?

3 Erzählt die Märchen.

- über Märchen/-figuren berichten
- falsche Märchen erkennen

- FO: Seite 44–47

1 Welche Märchen kennt ihr noch?

2 Macht eine Märchenausstellung.

Ein Märchen weiterschreiben

Es waren einmal zwei Brüder, die lebten in einer kleinen armseligen Hütte. Sie hatten ihre Eltern verloren und mussten für sich selbst sorgen. Eines Tages als die beiden Kinder gerade am Brunnen vor ihrem Haus saßen, flüsterte der Brunnen plötzlich: „Wenn ihr Mut habt und in mich hineinspringt, kann ich euch helfen …"

Die beiden Brüder wunderten sich. So etwas hatten sie noch nie erlebt. Sie überlegten lange, was sie nun tun sollten. Schließlich beschlossen sie mit dem Zwerg in das Land der funkelnden Steine zu gehen, um den Zauberstein zu suchen. Ihr Mut wurde belohnt. Sie fanden den Stein und heilten damit die kranke Mutter. Und wenn sie nicht gestorben sind, dann leben sie noch heute.

Die beiden Brüder erschraken. Sie hatten Angst vor diesem Abenteuer. Zwei Wochen lang überlegten sie, ob sie springen sollten. Schließlich sprangen sie todesmutig in den Brunnen hinein. Doch sie landeten nicht im Wasser, sondern standen plötzlich vor der Tür eines prächtigen Schlosses. Dort lebten sie glücklich bis an das Ende ihrer Tage.

Die beiden Brüder liefen in den Wald und versteckten sich sieben Tage lang. Sie wollten erst wieder nach Hause gehen, wenn die böse Hexe nicht mehr da wäre. Nach sieben Tagen brachte ihnen eine Fee eine gute Nachricht. Ein großer Bär hatte die Hexe aufgefressen. Nun konnten die Kinder wieder frohen Mutes nach Haus gehen.

1 Welcher Schluss passt zu dem Anfang?

2 Markiere die Stellen, an denen du das erkennst.

3 Vergleicht eure Ergebnisse.

- passenden Schluss zu einer Geschichte finden
- Textstellen markieren

- FO: Seite 44–47

Prinzessin Will-Nicht

Tief im Märchenwald lebten einmal ein König und eine Königin mit ihrer Tochter Will-Nicht. Die Prinzessin hatte diesen seltsamen Namen, weil sie nicht auf ihre Eltern hören wollte. Besonders schlimm war es, wenn sie ihre Hausaufgaben machen sollte. Dann schrie Prinzessin Will-Nicht durch den ganzen Märchenwald: „Ich will nicht! Ich will nicht! Ich will nicht!“ Das hörte eine Fee.

1 Wie könnte das Märchen weitergehen? Erzählt.

2 Schreibe deinen Schluss auf.

3 Lest eure Märchen vor.

4 Sammelt eure Märchen in einem Buch.

Der Riese und das Wichtelchen

Stuhl Bäumchen Tor Stühlchen Katze Glas Füßchen
Häuschen Gläschen Haus Dach Kätzchen Törchen Baum
Fuß Dächlein

1 Wie geht das Gespräch weiter? Verwendet die Wörter aus dem Kasten.

2 Welche Wörter gehören zusammen?
Schreibe die Wortpaare so auf: der Fuß – das Füßchen, …

3 Finde weitere Wortpaare und schreibe sie auf.

Die Selbstlaute a o u können zu den **Umlauten** ä ö ü werden.

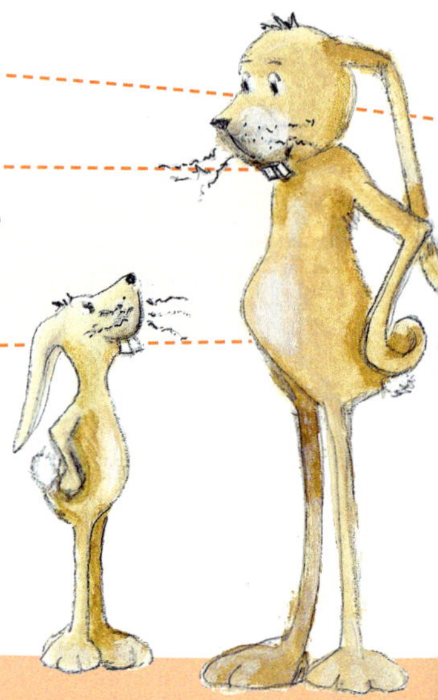

Hase Ring Tisch Ohr Hund Glocke Blatt Tüte
Hose Schrank Rose Spiegel Zettel Mund Schaf

4 Verkleinere die Wörter mit **-chen** oder **-lein**:
der Hase – das Häschen, …

- Verkleinerungsform bilden
- Umlaute erkennen

- Seite 50

- FO: Seite 44–47
- FÖ: Seite 27–29

Verhexte Sätze

Vergiss bei der Frage das **?** nicht. Schreibe die Satzanfänge groß.

1 Schreibt Wortkarten.
Probiert aus, wie ihr euch mit den Karten umstellen könnt.

2 Lest die sinnvollen Sätze vor.

3 Schreibe den Satz auf Wortkarten.
Stelle die Satzglieder um und schreibe die sinnvollen Sätze auf.

4 Welche Sätze kannst du bilden? Schreibe sie auf.

Die Teile eines Satzes nennt man **Satzglieder**.
Man kann sie umstellen.

Lang oder kurz?

1 Überprüfe mit der Armprobe, ob der erste Selbstlaut lang oder kurz ist.

2 Trage alle Wörter mit kurzem Selbstlaut in eine Tabelle ein.

kurzer Selbstlaut + verschiedene Mitlaute	kurzer Selbstlaut + doppelter Mitlaut
Prinz	Brunnen

3 Finde weitere Wörter mit doppelten Mitlauten in der Wörterliste und schreibe sie in die Tabelle.

Prinzessin Kunigunde sitzt vor ihrem  und betrachtet die . Dann isst sie  und noch einen . Nach dem Essen ist sie müde und legt sich in ihr . Kunigunde hat einen schönen . Prinz Kunibert kommt in seiner  angefahren und zieht seinen . Er reicht ihr einen goldenen . Plötzlich gibt es einen lauten . Kunigunde erwacht und liegt auf dem .

4 Probiere bei den fehlenden Wörtern im Text aus, ob der erste Selbstlaut lang oder kurz ist. Schreibe die Wörter mit kurzem Selbstlaut auf.

5 Markiere die doppelten Mitlaute.

- lange und kurze Vokale
- Wörter mit Doppelkonsonanz

- Seite 52

- FO: Seite 44 – 47
- FÖ: Seite 18 – 20

Wortfamilien

schmücken verzaubert Zauberer Schmuck geschmückt
zauberhaft Zauberei Schmuckstück Haarschmuck Zauberhut

1 Welche beiden Wortfamilien haben sich hier versteckt?

2 Schreibe die Wortfamilien getrennt auf.
Markiere den Wortstamm.

3 Suche zu den Wortstämmen **TRAUM** und **SCHLAFEN** weitere Wörter.
TRAUM: verträumt, Albtraum, ...
SCHLAFEN: schläfrig, Schlafanzug, ...

W

der Jäger
das Schloss
aufpassen
küssen
öffnen
wünschen

die Fee
der König
das Märchen
die Prinzessin
der Zwerg
verwandeln

Ein Märchen
Im Schloss am Wald wohnten einmal ein König und eine Königin.
Sie wünschten sich Kinder. Da kam eine Fee und brachte den beiden
zwei Häschen. Sie sollten auf die Tiere gut aufpassen
und sie jeden Tag küssen. Das taten sie lange Zeit.
Und eines Tages verwandelten sich die Tiere in zwei Kinder.

4 Schreibe Nomen und Verben heraus,
bei denen der erste Selbstlaut kurz ist.

• Wortfamilien: TRAUM/SCHLAF
• Abschreibtext (54 Wörter)

• Seite 52

• FO: Seite 44–47
• FÖ: Seite 59–60

Fernsehen und Computer

1 Was schauen sich die Menschen im Fernsehen an?

2 Welche Sendungen schaust du dir im Fernsehen gern an?
Schneide Bilder aus Fernsehzeitschriften aus oder schreibe auf.

3 Mit wem möchtest du diese Sendungen am liebsten sehen?

4 Vergleicht eure Wünsche.

Sendung	mit anderen Kindern	mit Erwachsenen	allein
Kinder-nachrichten ...			I

• von eigenen Vorlieben und Erfahrungen berichten

• FO: Seite 48–51

1 Wozu kann man den Computer benutzen?

2 Was machst du gern am Computer? Mit wem?

3 Welche Nachricht möchtest du einem Freund oder einer Freundin schicken? Schreibe auf.

Wirklich erlebt

1 Was hat sich an dieser Schule ereignet?

2 Spielt die Nachrichten-Sendung. Erzählt von den drei Ereignissen.

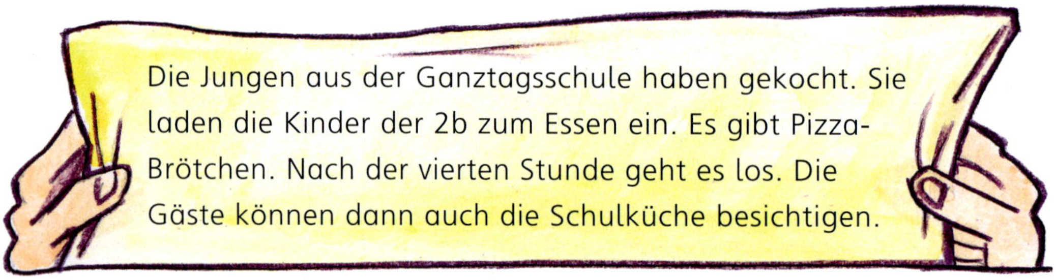

3 Jede Nachricht wird aufgeschrieben, bevor sie vorgelesen wird.
Zu welchem Bild passt diese Nachricht?

4 Schreibe auch zu den anderen Bildern passende Nachrichten.
Besprich sie mit einem Partner.

5 Schreibe Nachrichten von deiner eigenen Schule.
Du kannst sie am Computer schreiben.

Schreiben am Computer

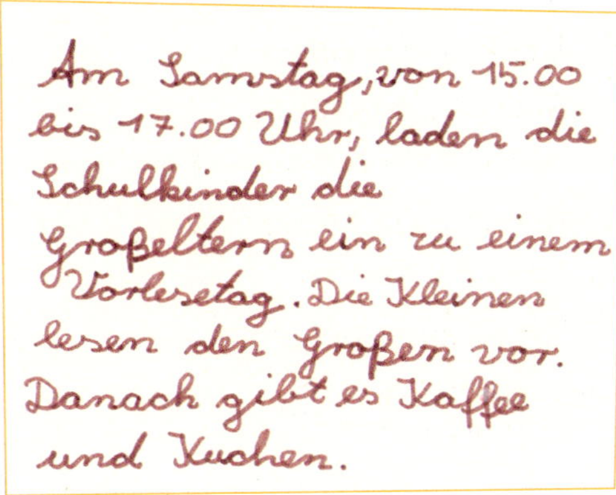

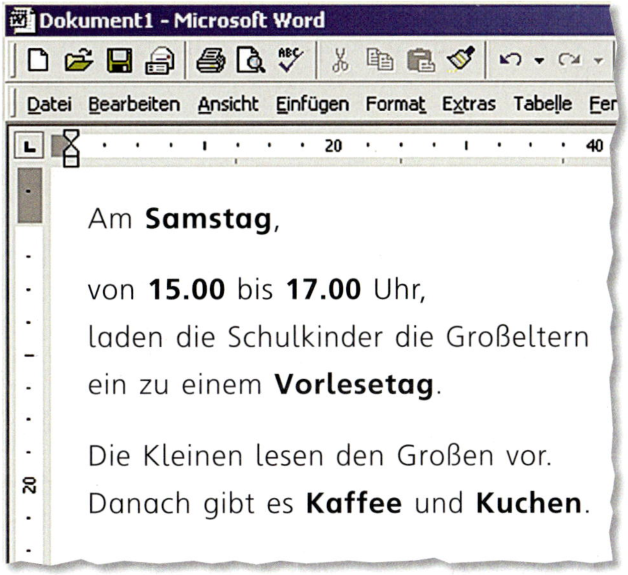

1 Welchen Text könnt ihr besser lesen? Begründet.

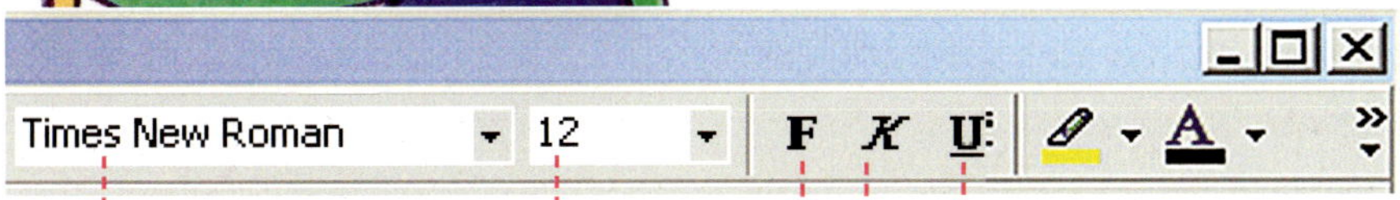

Hier suchst du dir eine interessante Schrift aus.

Hier gibst du die Schriftgröße ein.

Hiermit kannst du unterstreichen.
K bedeutet *schräg* setzen.
F bedeutet **fett** drucken.

2 Schreibe deine eigene Nachricht mit dem Computer. Gestalte sie so, dass man sie gut lesen kann.

Hast du keinen Computer zur Verfügung, schreibe deinen Text ordentlich in schöner Schrift auf.

Computerspiel

1 Wie muss Quiesel sortieren?

Ⓜ **2** Schreibe die Wörter geordnet nach den Tellern auf:
aa: das Haar, … ee: der See, … oo: das Moor, …

3 Markiere **aa, ee, oo** in verschiedenen Farben.

Manchmal liegt im Winter  .

Im  kannst du versinken.

Blumen wachsen in einem  .

Quiesel hat auf dem Kopf nur wenig  .

Die  kann Wünsche erfüllen.

Ein  schwimmt auf dem Wasser.

Der  gehört in eine Tasse.

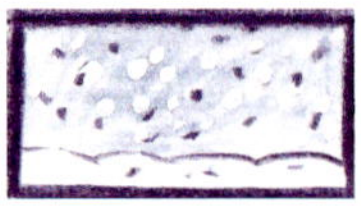

4 Schreibe die Sätze mit dem passenden Wort ab.

5 Denke dir eigene Sätze aus.

Spiele mit Sprache

W

der Ausflug
das Boot
der See
der Tipp
schreiben
jung

die Adresse
der Computer
der Fernseher
die Nachricht
sprechen
möglich

1 Welcher Buchstabe fehlt?
Verlängere die Wörter.
Dann hörst du, ob du **g** oder **k**, **b** oder **p** schreiben musst.

2 Schreibe die Nomen mit Artikel (Begleiter) auf.

Eine Sendung für junge Leute
Lena möchte die Nachrichten für kluge Kinder sehen.
Sie braucht dazu keinen Fernseher. Am Computer schreibt sie eine Adresse. Ganz genau muss Lena die Zeichen eingeben. Dann erscheint ein buntes Bild. Zwei Kinder sprechen über Freizeit-Tipps. Da gibt es einen Besuch im Zoo. Auch ein Ausflug zu einem See und eine Fahrt mit dem Boot sind möglich.

3 Suche die Nomen und schreibe sie in der Einzahl und Mehrzahl auf:
die Sendung – die Sendungen, …

Fit mit Quiesel 6

Mitlaute verdoppeln

1 Setze die fehlenden Buchstaben ein und schreibe die Nomen auf.

2 Unterstreiche die Nomen, bei denen du einen kurzen Selbstlaut hörst.

3 Markiere bei den Nomen mit kurzem Selbstlaut die doppelten Mitlaute.

Wortfamilien

4 Welche Wörter gehören zur gleichen Wortfamilie? Schreibe die Wörter geordnet auf und markiere in den Wörtern die Umlaute.

Wörter mit doppeltem Selbstlaut

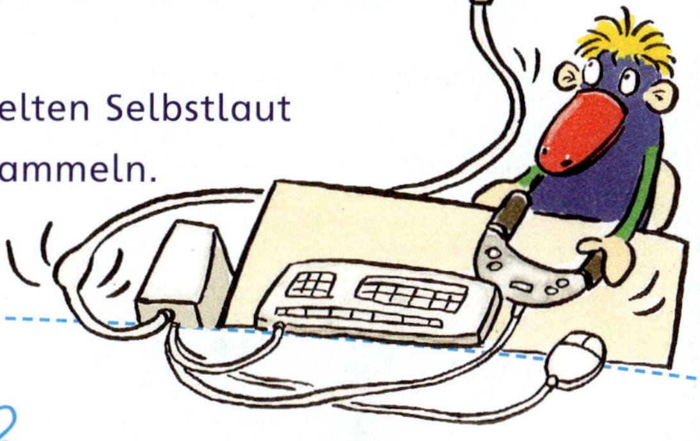

M **1** Quiesel bekommt für jedes Wort mit einem doppelten Selbstlaut einen Punkt. Hilf ihm möglichst viele Punkte zu sammeln.
Schreibe so: das Meer, …

Am Ende g oder k, p oder b?

Köni  Ban  Mikrosko  We  Zwer 

Bur  Kru  Zu  Die  Sie 

Schran  Stau  Lum  Flu 

2 Schreibe die Wörter richtig auf: viele Könige – ein König, …

Streng geheim

1 Erzählt, was passiert.

2 Warum machen die Kinder aus der Sache ein Geheimnis?

3 Welche Geheimnisse hattet ihr schon? Berichtet.

- Bildergeschichte erzählen
- von eigenen Erlebnissen berichten

- FO: Seite 52–55

1 Welche Geräusche macht die Katze?
Wie könnt ihr sie nachmachen?

2 Spielt Hanna, Jan und die Eltern. Macht Geräusche dazu.

3 Schreibe die Geschichte auf.
Denke dir auch einen Schluss aus.

Hanna, Jan und die Katze

Geräusche auf dem Dachboden

Familie Schneider sitzt beim Essen. Und dann rumpelt es auf dem Dachboden. Vater will wissen, was los ist. Aber Hanna und Jan haben angeblich nichts gehört. Und dann kratzt und miaut es auch noch. Und dann laufen Hanna und Jan schnell auf den Dachboden. Und dann können sie die Katze nicht finden. Und dann entdeckt sie Jan unter einem Schrank. Und dann stehen Mama und Vater in der Tür. Sie lachen. Und dann streicheln auch sie die kleine Katze.

plötzlich	auf einmal	doch	dann	danach	
nun	da	deshalb	daher	schließlich	also
jedoch	jetzt	später			

1 Lest die Geschichte. Was fällt euch auf?

2 Überarbeite die Geschichte.
Die Wörter im Kasten helfen dir.

3 Schreibe den überarbeiteten Text auf.

4 Vergleicht die Lösungen.

5 Überprüfe deine eigene Geschichte.
Achte auf den Schreibtipp.
Was kannst du verbessern?

- Geschichte weiterschreiben
- vorgegebenen Text sprachlich überarbeiten

- FO: Seite 52–55

Geheimschriften

Papa und Mama
?denn sie frisst
Was
?seid Schule der in
ihr wenn, füttern
Katze die wir
Sollen
.verraten nicht
Geheimnis euer
werden wir
Jan und
Hanna
Hallo

Ibmmp Qbqb,
tufmm ejs wps.
Jdi ibcf fjo Qmblbu
hftfifo. Fjof Gsbv
tvdiu jisf Lbuaf.
Tpmmfo xjs vot cfj
jis nfmefo?
Kbo

ebeiL amaM, neleiv knaD rüf
eid thcirhcaN. uD tsib thce beil.
eiD eztaK tkcelhcs ma netsbeil
hcliM. nehcleW nemaN nellos
riw red eztaK nebeg? annaH

1 Entschlüsselt die Texte.

2 Schreibe die Botschaften richtig auf.

3 Schreibe auch eine Botschaft in einer Geheimschrift auf.

4 Erfinde mit einem anderen Kind eine Geheimschrift. Schreibt euch damit Briefe.

Das passende Geschenk

Hanna und Opa Peter telefonieren. Hanna ___ vom Tag in der Schule. Opa ___ sie nach einem Geschenk für Jans Geburtstag. Hanna ___ nicht. Ganz leise ___ sie, dass Jan auch im Zimmer ist. Hanna ___ schnell über etwas anderes. Dann verlässt Jan das Zimmer. Nun ___ Hanna Opa von ihrer Idee. Sie ___, dass Jan sich einen Ausflug in den Tierpark wünscht. Opa ___, ob Hanna einen Gutschein für Jan malen kann. Hanna ___, auf ein Plakat ganz groß Tierparkausflug zu schreiben.

berichten
reden
erzählen
fragen
antworten
flüstern
sagen
versprechen

1 Lest den Text und die Wörter im Kasten.

2 Schreibe den Text mit den passenden Wörtern auf.

3 Vergleicht eure Texte.

4 Sucht nach weiteren Wörtern für **sprechen**. Sammelt sie.

Modelleisenbahn	Fahrradluftpumpe
Katzenhalsband	Fußballtrikot
Holzsegelboot	Tierbilderbuch

5 Zerlege die Riesenwörter. Schreibe so auf:
die Modelleisenbahn, das Modell – das Eisen – die Bahn, …

6 Finde selbst Riesenwörter und schreibe sie auf.

Katzenspuren

Meine Geburtstagswünsche:
Bil_ von Quiesel,
Besuch im Freiba_,
Mikrosko_,
Ritterbur_,
Zaubersta_,
kleines Segelboo_,
Einra_,
Malhef_,
Ausflu_ in den Tierpark,
einen großen Kor_,
Kleiderschran_,
Pinnwan_

W

der Geburtstag
die Geheimschrift
das Geschenk
der Korb
das Mikroskop
die Pinnwand

die Besitzerin
die Katze
die Überraschung
erzählen
bald
plötzlich

1 Was wünscht sich Jan? Setze **b** oder **p**, **d** oder **t**, **g** oder **k** ein.

2 Verlängere die Wörter und schreibe sie auf:
die Bilder – das Bild, ...

3 Schreibe den Wunschzettel richtig ab.

4 Suche weitere Wörter mit **d** und **t** am Wortende. Schreibe sie mit Verlängerung auf.

Geburtstag
Jan hat Geburtstag. Opa und Hanna haben ein Geheimnis. Opa plant einen Tag im Tierpark. Hanna hat einen Gutschein gemalt. Darüber freut sich Jan. Auch Mama und Papa haben eine Überraschung. Die Kinder dürfen die Katze behalten. Die Eltern haben mit der Besitzerin gesprochen. Sie ist alt und kann sich nur noch schlecht um das Tier kümmern.

5 Schreibe den Text als Indianerdiktat.

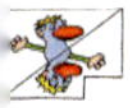

6 Lies den Text Wort für Wort von hinten.

Durch das Jahr

1 Woran erkennst du die einzelnen Jahreszeiten?

2 Was tun die Kinder auf dem Bild?

3 Was magst du an den verschiedenen Jahreszeiten? Was magst du nicht? Macht Plakate mit **pro** und **kontra**.

Herbst

pro	kontra
Ich mag den Wind. Die Blätter sind bunt.	Es regnet oft.

- Argumente finden und aufschreiben
- Plakat gestalten

1 Ordne die Monate den Jahreszeiten zu und schreibe so:
Winter: Dezember, ...

2 Überlege, welche Tage in diesem Jahr für dich wichtig sind.
Trage sie in einen Kalender ein oder schreibe sie auf.

Herbst-Gedichte

1 Sammelt Wörter zum Herbst.

Herbstwind
Erntezeit
Regen
Blätter
Sturm
Trauben

Holt die Drachen raus!
Endlich gibt es Wind.
Raus auf die Wiese!
Bunte Blätter überall.
Sonntag machen wir ein Herbstfest.
Tobi und ich sammeln Kastanien.

2 Wie unterscheiden sich die beiden Gedichte?

3 Schreibe ein eigenes Herbstgedicht.
Du kannst dir ein Wort dafür aussuchen.

- Wörtersammlung
- Herbstgedicht schreiben (Akrostichon)

- FO: Seite 56–57

Herbst-Ausflug

Klassenfahrt –
das wird gebraucht:
- ein Rucksack
- eine Taschenlampe
- eine Trinkflasche
- eine Badehose
- ein Schlafsack
- ein Schlafanzug
- ein Handtuch

1 Warum fragt der Vater nach?

2 Peter muss noch mehr Dinge besorgen. Spielt das Gespräch nach.

Der  ist zu klein für unsere Ausflüge.

___  leuchtet heller.

___  gefällt mir am besten.

___  sieht man bei schlechtem Wetter besser.

___  finde ich am schönsten.

3 Schreibe auf, was Peter über die Sachen im Schaufenster sagt.

4 Warum sollte Peter die Artikel (Begleiter) **der, die, das** verwenden und nicht **ein, eine**?

Es gibt **bestimmte Artikel** (Begleiter): der, die, das
Es gibt **unbestimmte Artikel** (Begleiter): ein, eine

Sp/sp und St/st

1 Setze **Sp/sp** oder **St/st** ein und schreibe die Wörter auf:
Sport, Sturm, ...

2 Wie werden die Wörter gesprochen? Wie werden sie geschrieben?

3 Finde weitere Wörter mit **Sp / sp** und **St / st** und schreibe sie auf.

---

ubenfliege ubs ielt ion auf dem eicher.
ändig olpert sie über aubige ühle.
Der Lärm ört die innen und atzen sehr.

4 **St / st** oder **Sp / sp**? Probiere aus.

5 Schreibe den Zungenbrecher richtig auf.
Achte auf die Großschreibung.

6 Denke dir selbst einen Zungenbrecher aus. Schreibe ihn auf.

• Wörter mit Sp/sp und St/st im Anlaut

• Seite 64

• FO: Seite 56–57
• FÖ: Seite 7–8

Würfelsätze

⚀ Quiesel	⚀ kocht	⚀ im Wald	⚀ einen Blätterberg.
⚁ Unsere Lehrerin	⚁ baut	⚁ heute Mittag	⚁ Äpfel.
⚂ Anna	⚂ erntet	⚂ im Spielzeugladen	⚂ einen Drachen.
⚃ Furkan	⚃ sammelt	⚃ im Garten	⚃ Kürbissuppe.
⚄ Der Hausmeister	⚄ bastelt	⚄ am Wochenende	⚄ Pilze.
⚅ Yasmina	⚅ kauft	⚅ in der Schule	⚅ Kastanienmännchen.

W

der Spaß
der Sport
die Straße
springen
stürmen

der Herbst
die Kastanie
das Laub
fallen
lassen

1 Wie endet Lucys Satz?

2 Würfelt selbst Sätze und schreibt sie auf.

Herbst
Es stürmt. Die Kastanien fallen vom Baum. Wir bauen bunte Drachen und lassen sie steigen. Auf den Straßen springen wir gern im bunten Laub. Das macht Spaß!

3 Unterstreiche die Nomen in deinem Text und schreibe sie auf.

Winter-Geschichten

1 Wähle ein Bild oder eine Überschrift aus und erzähle dazu eine Geschichte.

2 Schreibe deine Geschichte auf.

3 Überarbeite deine Geschichte und gestalte sie.

Stimmt die Reihenfolge?

Passt die Überschrift?

- freies Schreiben zu einem Bild-/Textimpuls

- FO: Seite 58–59

Kinder im Winter

1 Was tun die Kinder?

2 Schreibe die Verben auf Karten.

3 Ziehe eine Karte. Spiele vor.
Die anderen Kinder raten, was du tust.

Winterwetter

Es schneit. Es friert oft.
Manchmal gibt es Eisregen.
Es sind dunkle Wolken am Himmel.
Aber es scheint auch die Sonne.
Es liegt Matsch auf den Straßen. Es wird früh dunkel.
Es steigt Rauch aus den Schornsteinen.

4 Schreibe die Sätze ab.

5 Welche Wörter sagen, was geschieht? Markiere die Verben.

Verben geben auch an, was geschieht.

Schneebälle

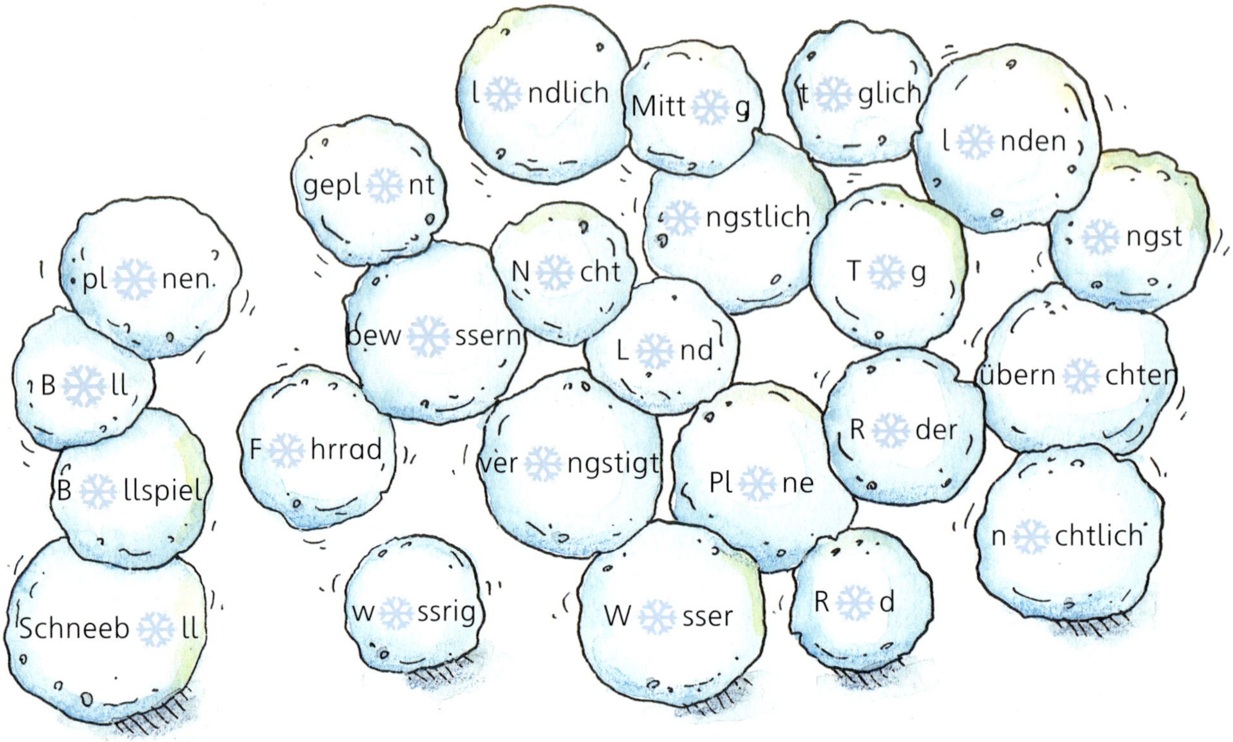

1 Setze **A/a** oder **Ä/ä** ein.

2 Für einen Schneemann brauchst du immer drei Bälle.
Die Wörter auf den Bällen gehören zusammen.
Schreibe auf: Schneeball, Ballspiel, Bälle, ...

3 Markiere in jedem Wort **a** oder **ä**.

4 Suche die verwandten Wörter mit **a**. Schreibe so: lächeln – lachen, ...

5 Schreibe Sätze mit den ä-Wörtern.

- verwandte Wörter mit a/ä
- Seite 67
- FO: Seite 58–59
- FÖ: Seite 64

Schneegebilde

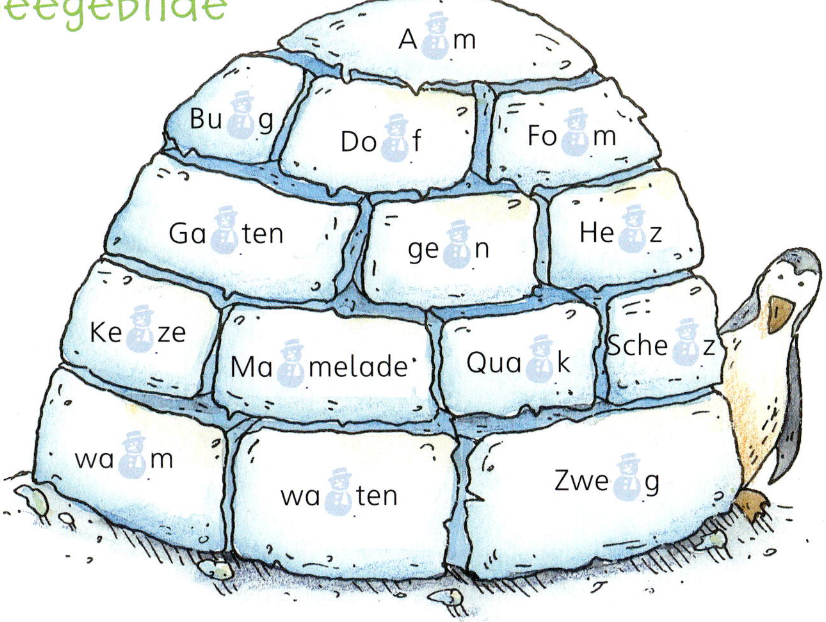

1 Welcher Buchstabe fehlt in jedem Wort? Setze ein.

2 Schreibe die Wörter auf und markiere das **r**.
Sprich dabei die Wörter so, dass man das **r** deutlich hört.

3 Schreibe die Nomen in der Einzahl und Mehrzahl.
der Arm – die Arme, ...

4 Markiere die Wörter mit den passenden Silbenbögen:
der Arm – die Arme, ...

W

die Burg
das Dorf
der Garten
warten
warm

der Schnee
die Spur
sehen
versinken
nass

Im Winter
Es schneit. Das Dorf versinkt im Schnee.
Im Garten sind nur noch Tierspuren zu sehen.
Die Kinder bauen eine Burg aus Schnee.
Die Hände sind nass. Allen ist kalt.
Im Haus wartet warmer Tee auf die Kinder.

5 Schreibe die Nomen in der Einzahl und Mehrzahl mit Artikel (Begleiter) auf.

6 Suche alle Wörter mit **r** heraus
und schreibe sie auf.

Frühlings-Elfchen

1 Lies das Gedicht. Probiere aus, wo du Pausen machen musst.

2 Sucht weitere Wörter zum Frühling und schreibt sie auf.

✿	Warm	Wie ist es?
✿✿	Die Sonne	Wer/Was ist es?
✿✿✿	___ ___ ___	Was passiert?
✿✿✿✿	___ ___ ___ ___	Erzähl noch mehr!
✿	___	Ein Wort zum Abschluss.

3 Schreibe selbst ein Elfchen und gestalte es. Lies die Tipps.

4 Trage dein Elfchen vor wie ein Dichter.

- lyrischen Text vortragen
- Frühlingsgedicht schreiben (Elfchen)

- FO: Seite 60–61

Auf der Wiese

1 Bilde Sätze zu den Bildern.
Setze die Adjektive zwischen die Artikel und die Nomen.
Du kannst immer vier Sätze bilden. Schreibe so:
Die braune Heuschrecke springt auf ein schmales Blatt.

2 Markiere die Adjektive in deinen Sätzen.

3 Lies die beiden Gedichte laut. Warum heißen sie Treppengedichte?

4 Schreibe ein Gedicht ab. Unterstreiche die Adjektive.

5 Schreibe ein eigenes Treppengedicht.

Drinnen spielen

1 Schreibe die Verben von den Blumen in der Du-Form und in der Wir-Form auf.
Schreibe so: wir sprechen – du sprichst, …

2 Erklärt das Domino-Spiel.

3 Stellt ein eigenes Domino her.

4 Spielt das Domino.
Tauscht es auch mit anderen Gruppen.

Ein Frühlingsfest

Lea plant …ne Frühlingsf…er in ihrem n…en Garten. Sie überlegt h…te, welche L…te sie …nladen soll. Das Fest soll nicht zu t…er werden. Natürlich sollen ihre dr… Fr…ndinnen kommen. Das F…er für das Stockbrot soll an dem großen St…n s…n. Die Getränke sollen in kl…nen, l…chtend grünen Gläsern ger…cht werden. Zum Schluss soll es …ne l…chte Quarksp…se geben.

W

die Freundin
die Leute
arbeiten
feiern
pfeifen
neu

der Frühling
das Lied
blühen
spazieren
draußen
viele

1 Lies den Text. Welche Laute fehlen?

2 Schreibe die Wörter mit **ei** und **eu** geordnet auf:
ei: Frühlingsfeier, …
eu: neuen, …

3 Schreibe den Text ab.

Frühling
Draußen wird es warm. Die Vögel pfeifen lustige Lieder. Im Park kannst du jeden Tag neue Blumen sehen. Viele Leute gehen spazieren oder arbeiten im Garten. Die Kinder spielen mit ihren Freunden oder feiern ein Frühlingsfest.

4 Schreibe alle Verben auf und markiere die schwierigen Stellen.

Sommer-Abenteuer

1 Erzählt zum Bild.

2 Schreibe eine Geschichte.

3 Überarbeite deine Geschichte.
Beachte die Schreibtipps.

Passt die Überschrift?

Stimmt die Reihenfolge ?

Sind die Satzanfänge verschieden?

- freies Schreiben zu einem Bildimpuls
- Text überarbeiten

- FO: Seite 62–63

Urlaub ist schön!

1 Spielt das Gespräch. Sprecht die Sätze so, dass man hören kann, welches Satzzeichen am Ende stehen muss.

2 Schreibe das Gespräch mit Satzzeichen auf.

 : Hast du das gesehen?

 : ...

Verreisen

1 Wo können die Schiffe anlegen?

2 Bilde mit den Wortbausteinen Wörter, die du kennst.
Schreibe so: nachfahren, ...

Endlich Ferien

ein
Am Wochenende wollen wir ver fahren.
weg

zu
Auch unser Hund darf mit fahren.
ver

nach
Mama muss auch warme Sachen vor packen.
ein

nach / nach
Bevor wir ab fahren, müssen wir noch unser Spielzeug vor packen.
zu / weg

ein
Die Fahrt dauert sehr lange. Papa hat sich vor fahren.
ver

3 Setze die passenden Wortbausteine ein.

4 Schreibe den Text richtig auf.

5 Schreibe eigene Sätze mit den gebildeten Wörtern.

- varangestellte Wortbausteine
- Seite 70
- FO: Seite 62–63
- FÖ: Seite 62

Koffer packen

1 Was will Tom unbedingt in den Koffer packen? Löst das Rätsel.

2 Schreibe den Lösungssatz auf.

Kofferpackspiel

Alle Kinder sitzen im Kreis. Ein Kind beginnt: **Ich packe meinen Koffer und ich nehme mein Gummiboot mit.** Das nächste Kind wiederholt den Satz und nennt einen weiteren Gegenstand, den es mitnehmen will. Spielt so lange weiter, bis ihr fertig gepackt habt.

3 Spielt das Kofferpackspiel.

Fit mit Quiesel 7

Zusammengesetzte Wörter

Ra	Gel	Mon	Wan	
Win	Schla	Hem	Ban	
We	Zwer	Bur	Zu	Käfi
Kor	Lau	Wal	Sala	

Huhn Abteil Schein
Gitter Jacke Zeug Lehne
Weiser Tier Graben
Beutel Farbe Ball Baum
Fahrer Schüssel

1 Wie werden die Wörter am Ende geschrieben?
Schreibe so auf: die Räder – das Rad, …

2 Bilde zusammengesetzte Nomen
mit den Wörtern im Kasten.

Wörter mit Sp/sp und St/st

Am Wochenende ist in unserer (St/Sp)raße großes (St/Sp)ort- und (St/Sp)ielfest. (St/Sp)efan ist stark. Er (st/sp)ielt beim (St/Sp)einewerfen mit. Die Zuschauer (st/sp)ehen ganz still und (st/sp)aunen. Alle (st/sp)üren die (St/Sp)annung. Da (st/sp)urtet (St/Sp)efan los, (st/sp)emmt den schweren (St/Sp)ein hoch und (st/sp)ößt ihn auf die Wiese. Alle Leute (st/sp)enden Beifall und (st/sp)ringen vor Freude. So ein (St/Sp)aß! (St/Sp)äter bekommt (St/Sp)efan eine Urkunde mit (St/Sp)empel.

3 Was passt? Schreibe den Text richtig auf.
Markiere **Sp/sp** und **St/st** mit verschiedenen Farben.

4 Lies dir die Wörter mit **Sp/sp** oder **St/st** laut und deutlich vor.

• Zusammengesetzte Nomen • Seite 59
• Auslautverhärtung • Seite 60
• Wörter mit Sp/sp und St/st • Seite 64
• FÖ: Seite 47, 7–8

Wörter mit ä und a

1 Welche Wörter gehören zusammen?
Schreibe die Wortpaare auf: malen – Gemälde, …

2 Wähle 5 Wortpaare aus.
Schreibe Sätze, in denen die Wörter vorkommen.

Wörter mit Ei/ei oder Eu/eu?

3 Setze **Eu/eu** oder **Ei/ei** ein.

4 Schreibe die Wörter mit **Eu/eu** und **Ei/ei** getrennt auf
und markiere: die Eule, die Eile,…

5 Lies dir die Wörter laut und deutlich vor.

Fachbegriffe

Laute

Es gibt **Selbstlaute** (Vokale): a e i o u

Mitlaute (Konsonanten): b c d f g h j k l m n p q r s t v w x y z

Umlaute:
Aus den Selbstlauten **a o u**
können die Umlaute **ä ö ü** werden.

Doppellaute (Zwielaute):
au äu eu ei ai

Buchstaben

Das **Abc** (Alphabet) hat 26 Buchstaben.

Silben

Silben sind **Wortteile**.

Wörter können aus einer Silbe
oder aus mehreren Silben bestehen.
Jede Silbe hat mindestens einen Selbstlaut.

Wörter mit mehreren Silben können
zwischen den Silben getrennt werden.

Wörter	Silbentrennung
Baum	Baum
Quiesel	Quie-sel
Schule	Schu-le
wunderbar	wun-der-bar

Nomen (Substantiv, Namenwort)

Nomen sind **Namen** für
Menschen, Tiere,
Pflanzen und Dinge.

Nomen gibt es in der **Einzahl**
und in der **Mehrzahl**.

Nomen schreiben wir **groß**.

Nomen kann man zusammensetzen.
Mit **zusammengesetzten Nomen** kann man
sich genauer ausdrücken:

Artikel (Begleiter)

Nomen können einen **Artikel** haben.

Es gibt **bestimmte Artikel:**
der, die, das

unbestimmte Artikel:
ein, eine

Verb (Tuwort, Tunwort)

Verben geben an, was jemand **tut**.

Verben geben auch an, **was geschieht**.

Die Wir-Form der Verben ist wie die **Grundform:**
wir lachen – lachen.
So stehen die Verben in der Wörterliste.

Adjektiv (Wiewort)

Adjektive geben an, **wie** etwas ist:

Wortfamilie

Wörter mit demselben **Wortstamm**
gehören zu einer **Wortfamilie**:

Spieler, spielen, verspielt, …

Satz

Aus **Wörtern** kann man **Sätze** bilden.

Satzanfänge schreibt man **groß**.

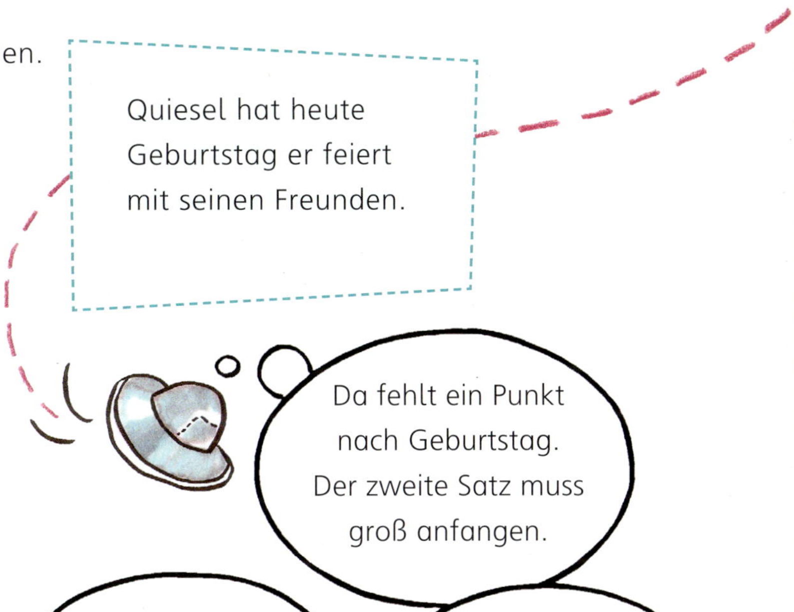

Jeder Satz endet mit einem **Satzschlusszeichen**.

Am Ende eines **Aussagesatzes** steht ein **Punkt** (.).

Wenn du eine Antwort willst, stellst du eine Frage. Am Ende eines **Fragesatzes** steht ein **Fragezeichen** (?).

Nach **Aufforderungssätzen** (Komm mit!) oder **Ausrufen** (Oh ja!) steht oft ein **Ausrufezeichen** (!).

• Satzarten
• Satzzeichen

Wörterliste

A

die **Adresse**, die Adressen
der **Affe**, die Affen
alle
alles
die **Ameise**, die Ameisen
der **Apfel**, die Äpfel
arbeiten, er arbeitet
der **Ast**, die Äste
aufpassen, sie passt auf
der **Ausflug**, die Ausflüge
das **Auto**, die Autos

B

bald
der **Ball**, die Bälle
die **Banane**, die Bananen
der **Bär**, die Bären
basteln, er bastelt
der **Bauch**, die Bäuche
der **Baum**, die Bäume
der **Becher**, die Becher
beide
das **Bein**, die Beine
die **Besitzerin**, die Besitzerinnen
das **Bett**, die Betten
die **Biene**, die Bienen
das **Bild**, die Bilder
die **Birne**, die Birnen
das **Blatt**, die Blätter
bleiben, er bleibt
blühen, es blüht
die **Blume**, die Blumen
das **Boot**, die Boote
boxen, sie boxt
der **Braten**, die Braten
der **Brief**, die Briefe
das **Brot**, die Brote
der **Bruder**, die Brüder
das **Buch**, die Bücher
die **Bücherei**
bunt
die **Burg**, die Burgen
die **Butter**

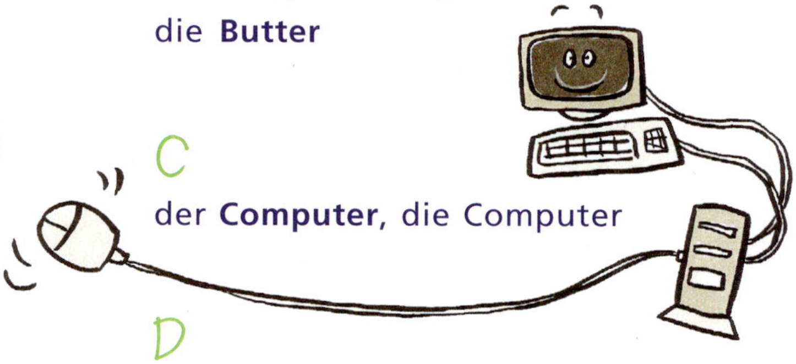

C

der **Computer**, die Computer

D

die **Dame**, die Damen
danken, er dankt
dann
der **Deich**, die Deiche
denken, sie denkt
das **Dorf**, die Dörfer
dort
die **Dose**, die Dosen
der **Drachen**, die Drachen
draußen
drei
dürfen, sie darf
durstig
die **Düse**, die Düsen

E

der **Elefant**, die Elefanten
endlich
erfinden, er erfindet
die **Erfindung**, die Erfindungen
erzählen, sie erzählt
essen, sie isst

F

fahren, er fährt
fallen, es fällt
die **Familie**, die Familien
die **Faust**, die Fäuste
das **Fax**, die Faxe
die **Fee**, die Feen
feiern, sie feiert
das **Feld**, die Felder
das **Fenster**, die Fenster
der **Fernseher**, die Fernseher
fix
die **Flöte**, die Flöten
die **Frau**, die Frauen
frech

der **Freund**, die Freunde
die **Freundin**, die Freundinnen
der **Frühling**
das **Futter**
füttern, sie füttert

G

ganz
der **Garten**, die Gärten
der **Geburtstag**, die Geburtstage

gefährlich
geheim
gehen, sie geht
das **Gemüse**
gern
das **Geschenk**, die Geschenke
die **Geschichte**, die Geschichten
das **Geschirr**
das **Gespenst**, die Gespenster
gesund
das **Gewürz**, die Gewürze
die **Gießkanne**, die Gießkannen
die **Glocke**, die Glocken
das **Glück**
graben, er gräbt
groß
das **Gummi**
die **Gurke**, die Gurken

H

der **Hase**, die Hasen
häufig
das **Haus**, die Häuser
das **Heft**, die Hefte
der **Herbst**
die **Hexe**, die Hexen,
der **Hof**, die Höfe
die **Höhle**, die Höhlen
der **Hund**, die Hunde
der **Hut**, die Hüte

I

die **Idee**, die Ideen
der **Igel**, die Igel
das **Iglu**, die Iglus

J

der **Jäger**, die Jäger
jetzt
das **Jo-Jo**, die Jo-Jos
jung

K

kalt
das **Kamel**, die Kamele
das **Känguru**, die Kängurus
das **Kaninchen**, die Kaninchen
die **Kartoffel**, die Kartoffeln
die **Kastanie**, die Kastanien
die **Katze**, die Katzen
kauen, er kaut
die **Kerze**, die Kerzen
das **Kind**, die Kinder
die **Kirsche**, die Kirschen
die **Kiste**, die Kisten
die **Klasse**, die Klassen
das **Klavier**, die Klaviere
das **Kleid**, die Kleider
klettern, er klettert
knabbern, sie knabbert
der **Knall**
der **Koch**, die Köche
der **Koffer**, die Koffer
der **Kohl**
der **König**, die Könige
der **Korb**, die Körbe
die **Krone**, die Kronen
die **Küche**, die Küchen
der **Kuchen**, die Kuchen
die **Kuh**, die Kühe
küssen, er küsst
die **Kutsche**, die Kutschen

L

lachen, sie lacht
lassen, sie lässt
das **Lasso**, die Lassos
das **Laub**
lecker
der **Lehrer**, die Lehrer
die **Lehrerin**, die Lehrerinnen
die **Leute**
das **Lied**, die Lieder
der **Liegestuhl**, die Liegestühle
der **Löffel**, die Löffel

M

machen, er macht
die **Mama**, die Mamas
der **Mann**, die Männer
das **Märchen**, die Märchen
die **Maschine**, die Maschinen
die **Maus**, die Mäuse
das **Meer**, die Meere
der **Mensch**, die Menschen
die **Messe**, die Messen

das **Messer**, die Messer
das **Mikroskop**, die Mikroskope
möglich
die **Möhre**, die Möhren
der **Monat**, die Monate
der **Mund**, die Münder
die **Murmel**, die Murmeln
die **Mutter**, die Mütter

N

die **Nachricht**, die Nachrichten
die **Nacht**, die Nächte
das **Nashorn**, die Nashörner
nass
neu
neugierig
die **Nudel**, die Nudeln

O

der **Ofen**, die Öfen
öffnen, sie öffnet
das **Osterei**, die Ostereier

P

die **Palme**, die Palmen
der **Papa**, die Papas
das **Papier**, die Papiere
die **Pappe**, die Pappen
der **Park**, die Parks
passen, es passt
der **Pelz**, die Pelze
der **Pfeffer**
pfeifen, er pfeift
das **Pferd**, die Pferde
die **Pinnwand**, die Pinnwände
der **Pinsel**, die Pinsel
der **Pirat**, die Piraten
das **Plakat**, die Plakate
der **Platz**, die Plätze
plötzlich
poltern, sie poltert
die **Prinzessin**, die Prinzessinnen
der **Professor**, die Professoren
die **Puppe**, die Puppen

Qu

die **Qualle**, die Quallen
quasseln, sie quasselt
die **Quelle**, die Quellen
quer
der **Quiesel**

R

der **Räuber**, die Räuber
der **Raum**, die Räume
die **Regel**, die Regeln
das **Reh**, die Rehe
der **Ring**, die Ringe
der **Ritter**, die Ritter

S

der **Schatz**, die Schätze
die **Schere**, die Scheren
das **Schiff**, die Schiffe
das **Schloss**, die Schlösser
der **Schnee**
der **Schrank**, die Schränke
schreiben, sie schreibt
die **Schrift**, die Schriften
die **Schule**, die Schulen
die **Schüssel**, die Schüsseln
der **See**, die Seen
sehen, sie sieht
das **Sieb**, die Siebe
der **Sommer**
spannend
der **Spargel**
der **Spaß**, die Späße
spazieren, sie spaziert
der **Spiegel**, die Spiegel
das **Spiel**, die Spiele
spielen, er spielt
der **Sport**
sprechen, er spricht
springen, sie springt
die **Spur**, die Spuren
der **Stiefel**, die Stiefel
der **Stift**, die Stifte
die **Straße**, die Straßen
der **Stuhl**, die Stühle
stürmen, es stürmt
suchen, sie sucht
süß

T

die **Tafel**, die Tafeln
tanken, sie tankt
tanzen, er tanzt
die **Tasche**, die Taschen
die **Tasse**, die Tassen
die **Tatze**, die Tatzen
das **Taxi**, die Taxis
der **Teddy**, die Teddys
der **Teich**, die Teiche
der **Teller**, die Teller
der **Teppich**, die Teppiche
der **Text**, die Texte
der **Tipp**, die Tipps
der **Tisch**, die Tische
der **Titel**, die Titel
die **Tochter**, die Töchter
tragen, sie trägt
träumen, sie träumt
treffen, sie trifft
die **Treppe**, die Treppen
trinken, er trinkt
die **Trommel**, die Trommeln
die **Tube**, die Tuben
die **Tür**, die Türen

U

der **Uhu**, die Uhus
die **Überraschung**,
die Überraschungen
umziehen, sie zieht um

V

der **Vampir**, die Vampire
die **Vase**, die Vasen
der **Vater**, die Väter
der **Verkäufer**, die Verkäufer
verschwinden, er verschwindet
versinken, es versinkt
verwandeln, sie verwandelt
viel
viele
vier
die **Villa**, die Villen
voll
vorführen, er führt vor
vorlesen, sie liest vor
vorsichtig
vorstellen, er stellt vor

W

die **Waffel**, die Waffeln
das **Waffeleisen**
der **Wald**, die Wälder
warm
warten, er wartet
der **Wärter**, die Wärter
weg
der **Weg**, die Wege
die **Weide**, die Weiden
das **Werkzeug**, die Werkzeuge
wichtig
wieder

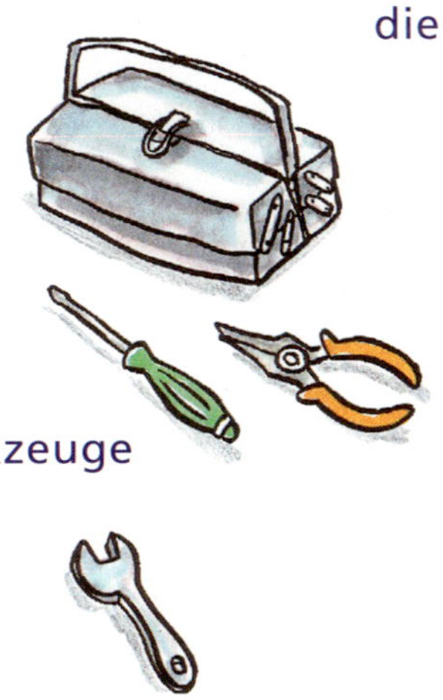

die **Wiege**, die Wiegen
der **Winter**
wohnen, er wohnt
wollen, er will
wünschen, er wünscht

X

das **Xylofon**, die Xylofone

Y

das **Yak**, die Yaks

Z

der **Zeh**, die Zehen
das **Zelt**, die Zelte
der **Zettel**, die Zettel
ziehen, sie zieht
der **Zoo**, die Zoos
der **Zucker**
zusammen
der **Zwerg**, die Zwerge
die **Zwiebel**, die Zwiebeln

Lernziele

	Mündlicher Sprachgebrauch	Schriftlicher Sprachgebrauch
Mein Sprachbuch **Seite 4–5** 	Kennenlernen des Sprachbuchs **4 f.**; Orientierung auf den Seiten üben **4 f.**; spielerische Fragen zu Illustrationen und Inhalten beantworten **4 f.**	
Abc, wohin ich seh **Seite 6–11** 	Abc-Gedicht vortragen **8**; Rätselwörter lösen **9**	Abc-Gedicht gestalten **8**; kreativ mit Sprache umgehen **9**; Spielzeug-Abc fortführen und aufschreiben **10**
In der Schule **Seite 12–19** 	Bilder beschreiben **12**; soziales Verhalten bewerten **12**; eigene Gefühle aussprechen und die Gefühle anderer zu verstehen **12**; Äußerungen anderer mit Anteilnahme begegnen **12**; Konflikte regeln **12**; sich über soziales Miteinander verständigen **13 ff.**; Vorlieben formulieren **13 ff.**; Gesprächsregeln kennenlernen **14**; Spielregeln erklären **16**	Vorlieben aufschreiben und präsentieren **13**; Regeln formulieren und aufschreiben **14**; Regeln als Plakat gestalten **14**; Wortkarten mit Nomen und Artikeln schreiben **15**; Artikel-Nomen-Spiel herstellen **16**
Fit mit Quiesel 1 **Seite 20–21** 		
Bei uns zu Hause **Seite 22–27** 	Von eigenen Erfahrungen erzählen **22 f.**; Beziehungen in der Verwandtschaft klären **22**; sich des kontextgebundenen Sprachgebrauchs bewusst werden **22**; Zusammenhang zwischen sozialer Beziehung und Anrede erkennen **22**; rollenbezogene Aufgabenverteilungen hinterfragen **23**	Fünf-Finger-Geschichte schreiben **25**
Lecker, lecker **Seite 28–33** 	Gesprächssituationen nachspielen **28**; Konfliktlösung entwickeln **28**; Text und Bild vergleichen **29**; Vorgang beschreiben **30**; Rätselfragen formulieren **30**	Einkaufszettel in Stichwörtern notieren **25**; Rezepte schreiben und ausprobieren **30**; Reimwörter finden und aufschreiben **32**

Sprache untersuchen	Rechtschreiben/Arbeitstechniken
Laut-Buchstaben-Beziehung vertiefen (Verbindung zwischen Anlautbild und Buchstabe) **6 ff.**; Abc als Ordnungssystem kennenlernen und anwenden **6 ff.**; Vokale und Konsonanten unterscheiden und benennen **9**; mit Sprache experimentieren **9**	Wörter nach dem Abc ordnen **7**; Wörter in der Wörterliste nachschlagen und aufschreiben **10** **Arbeitstechnik:** – Arbeit mit der Wörterliste **10** – Abschreiben mit der Quiesel-Karte **11** – Abschreibtext zur Grundwortschatzarbeit **11**
Benennungsfunktion des Nomens erkennen **15**; bestimmten Artikel als Begleiter des Nomens kennenlernen **16**; Nomen erkennen und von anderen Wortarten unterscheiden **16**; Nomen in der Einzahl und Mehrzahl unterscheiden und zuordnen **17**	Großschreibung von Nomen (Konkreta und Eigennamen) **15** **Arbeitstechnik:** – Profikarte herstellen und einführen **18** – Partnerdiktat **19** **in allen Kapiteln:** – Üben der Übungswörter (Wörterkasten)
Wiederholung: Wörter nach dem Abc ordnen **20**; Selbstlaute erkennen **20**; Nomen erkennen **20**; Nomen in der Einzahl und Mehrzahl unterscheiden und zuordnen **21**; bestimmte Artikel zuordnen **21**	**Wiederholung:** Großschreibung von Nomen **20**; Wörter nachschlagen **21**
Funktion des Verbs kennenlernen **24**; Personalformen des Verbs kennenlernen und zuordnen **24**; Aussagesatz kennenlernen **25**; Sprechrhythmus (Klatschen) als Hilfe bei der Silbentrennung erkennen **26**; trennbare und nicht trennbare (einsilbige) Wörter unterscheiden **26**	Großschreibung am Satzanfang **25**; Punkt als Satzschlusszeichen am Satzende **25**; Wörter in Silben gliedern **26** **Arbeitstechnik:** – Indianerdiktat (Schleichdiktat) **27**
Funktion des Adjektivs kennenlernen **31**; Gegensatzpaare von Adjektiven **31**; mit Sprache experimentieren **31, 33**	Nomen mit -el, -er, -en im Auslaut **32**; Wörter mit G/g und K/k im Anlaut **33**; Wörter in der Wörterliste nachschlagen **33**

	Mündlicher Sprachgebrauch	Schriftlicher Sprachgebrauch
Fit mit Quiesel 2 **Seite 34–35** 		
Die Bären sind los **Seite 36–43** 	Zum Bild erzählen **36**; von eigenen Vorlieben berichten **36**; Informationen suchen (Sachbücher, Internet, Lexika) **37**; gemeinsam eine Ausstellung planen und gestalten **37**; mündliches Erzählen einer Geschichte für das Schreiben fruchtbar machen **38**	Bildergeschichte mit eigenem Schluss schreiben **38**; durch Textvergleich Kriterien für gelungene Texte entwickeln **39**; den eigenen Text anhand von Kriterien (Schreibtipps) überarbeiten **39**
Rund ums Buch **Seite 44–49** 	Zum Bild erzählen **44**; von eigenen Vorlieben berichten **44**; Lieblingsbuch vorstellen **45**; Fantasiegeschichte erzählen **46**; Buch der Klasse vorstellen **46**	Fantasiegeschichte mit eigenem Schluss aufschreiben und gestalten **46**; Buch selbst herstellen **46**
Fit mit Quiesel 3 **Seite 50–51** 		
Piraten, ahoi! **Seite 52–59** 	Würfelspiel **52**; eigene Piratengeschichte erfinden und erzählen **52**; Bilderrätsel lösen **53**; etwas pantomimisch darstellen (Bewegungsverben) **53**; Spielregeln formulieren und sich auf gemeinsame Regeln einigen **53**	Wörter zum Thema sammeln **54**; Abenteuergeschichte als Reizwortgeschichte erfinden und aufschreiben **54**; Wortfeld erarbeiten: gehen **55**; den eigenen Text anhand von Kriterien (Schreibtipps) überarbeiten **55**; Text präsentieren **55**
Bauen und wohnen **Seite 60–65** 	Namen und Bilder einander zuordnen **60**; Bilder beschreiben **60**; Vor- und Nachteile benennen **61**; Informationen suchen (Sachbücher, Internet, Lexika) **61**	Tabelle anfertigen **61**; Vor- und Nachteile bewerten und aufschreiben **61**; einem Sachtext Informationen entnehmen **62**; Steckbrief verfassen **62**; spielerisch mit Sprache umgehen **65**
Fit mit Quiesel 4 **Seite 66–67** 		

Sprache untersuchen	Rechtschreiben/Arbeitstechniken
Wiederholung: Aussagesatz erkennen **34**; Wörter nach Wortarten unterscheiden: Verb und Adjektiv **35**	**Wiederholung:** Großschreibung am Satzanfang **34**; Punkt als Satzschlusszeichen am Satzende **34**; Wörter in Silben gliedern **34**; Silben zu Wörtern zusammensetzen **34**; Wörter mit G/g und K/k im Anlaut **35**; Wörter mit -el, -er, -en im Auslaut **35**
Fragesatz erkennen **40**; Oberbegriffe/Sammelnamen finden **41**; Wörter sortieren **41**	Fragezeichen als Satzschlusszeichen am Ende des Fragesatzes **40**; kurze und lange Vokale unterscheiden lernen (Armprobe) **42**; Wörter mit Doppelkonsonanz **42** **Arbeitstechnik:** – gedrehte Quiesel-Karte als Korrekturkarte (Text Wort für Wort von hinten lesen) **43**
Funktion zusammengesetzter Nomen erkennen **47**; mit Sprache experimentieren **48**	Wörter mit ch **48**; Wörter mit B/b und P/p im Anlaut **49**
Wiederholung: Fragesatz und Aussagesatz unterscheiden **50**; zusammengesetzte Nomen bilden **50**	**Wiederholung:** Satzschlusszeichen (Punkt und Fragezeichen) einsetzen **50**; Wörter mit B/b und P/p im Anlaut **51**; lange und kurze Vokale unterscheiden **51**; Wörter mit Doppelkonsonanz **51**
Wortfeld erarbeiten: gehen **55**; Verben in der Personalform **56**; Wörter nach Wortarten unterscheiden **57**; Sprachspiele/Geheimschriften entschlüsseln **57**; Reimwörter finden **59**	Verwandte Wörter mit äu/au **58**; Wörter mit Qu/qu **59**
Wörter mit gleichem Wortstamm bilden **63**; Wörter einer Wortfamilie identifizieren **63**, Wortverwandtschaft erkennen **63**; mit Sprache experimentieren **63**	Wörter mit ie **64**; Wörter mit V/v **65**
Wiederholung: Wörter einer Wortfamilie identifizieren **66**; Verben in der Personalform **67**	**Wiederholung:** Verwandte Wörter mit äu/au **66**; Wörter mit V/v, Qu/qu und ie **67**; gedrehte Quiesel-Karte als Korrekturkarte **67**

	Mündlicher Sprachgebrauch	Schriftlicher Sprachgebrauch
Du und ich **Seite 68–75** 	Rollenspiel entwickeln **68**; Gedanken/Wünsche zu Freundschaft formulieren **68**; von eigenen Erlebnissen erzählen **69**; Erzählregeln anwenden **69**; sprachliche Mittel der Konfliktlösung und -vermeidung einsetzen **72**	Teile einer Geschichte erkennen: Einleitung **70**; Schreibidee entwickeln **70**; Erlebnisgeschichte aufschreiben **70**; Schreibkonferenz durchführen **71**; Texte präsentieren **71**
Geniale Erfindungen **Seite 76–81** 	Namen und Bilder einander zuordnen **76**; Bilder beschreiben **76**; Funktionsbeschreibung einer eigenen Erfindung **77**; Bastelvorgang beschreiben **78**	Funktionsweise einer Maschine aufschreiben **77**; Bastelanleitung nach Vorlage aufschreiben **78**
Fit mit Quiesel 5 **Seite 82–83** 		
Es war einmal **Seite 84–91** 	Über Märchen und Märchenfiguren berichten **84**; falsche Märchen erkennen **84**; gemeinsame Märchenausstellung vorbereiten und gestalten **85**; Schluss eines Märchens erzählen **87**	Passenden Schluss zu einer Geschichte finden **86**; wichtige Textstellen erkennen und unterstreichen **86**; Märchen weiterschreiben **87**; Umstellprobe als Strategie zur Textüberarbeitung nutzen **89**
Fernsehen und Computer **Seite 92–97** 	Zum Bild erzählen **92**; von eigenen Vorlieben und Erfahrungen berichten **92 f.**; Vorteile getippter Nachrichten erkennen und formulieren **95**	Kurze Nachricht für Freund/Freundin aufschreiben **93**; Nachrichten/Bericht formulieren und aufschreiben **94**; kurze Nachricht am Computer schreiben und gestalten **95**
Fit mit Quiesel 6 **Seite 98–99** 		

Sprache untersuchen	Rechtschreiben/Arbeitstechniken
Geheimschrift entschlüsseln **72**; Doppellaute/Zwielaute kennenlernen **73**; mit Sprache spielerisch umgehen: Zungenbrecher **75** **Wiederholung:** Wörter in Silben gliedern **73**; Abc als Ordnungssystem anwenden **74**	Wörter in Silben zerlegen **73**; Wörter mit gleichem Anlaut nach dem Abc sortieren **74**; Wörter mit D/d und T/t im Anlaut **75**
Aufforderungssatz/Ausruf kennenlernen und erkennen **79**; mit Sprache experimentieren **80**; vorangestellte Wortbausteine ver-/vor- **81**	Funktion des Ausrufezeichens kennenlernen **79**; Wörter mit x **79**; Nomen mit Auslautverhärtung bei -d/-t **80**
Wiederholung: Wörter in Silben zerlegen **82**; vorangestellte Wortbausteine ver-/vor- **83**	**Wiederholung:** Wörter mit D/d und T/t im Anlaut **82**; Wörter in Silben zerlegen **82**; Auslautverhärtung bei -d/-t **83**
Verkleinerungsformen bilden **88**; Umlaute kennenlernen und benennen **88**; Beziehung zwischen Vokalen und Umlauten erkennen **88**; Satzglieder erkennen und umstellen **89** **Wiederholung:** Wortfamilien (Wortstamm) erkennen und verwandte Wörter bilden **91**	**Wiederholung:** Lange und kurze Vokale unterscheiden **90**; Wörter mit Doppelkonsonanz **90**
Mit Sprache experimentieren **95**	Wörter mit Doppelvokal: aa, ee, oo **96** **Wiederholung:** Auslautverhärtung -g/-k und -p/-b **97**
Wiederholung: Wortfamilien erkennen **98**; Umlaute erkennen **98**	**Wiederholung:** Lange und kurze Vokale unterscheiden **98**; Wörter mit Doppelkonsonanz **98**; Wörter mit Doppelvokal: aa, ee, oo **99**; Auslautverhärtung mit -g/-k und -p/-b **99**

	Mündlicher Sprachgebrauch	Schriftlicher Sprachgebrauch
Streng geheim **Seite 100–105** 	Bildergeschichte erzählen **100**; von eigenen Erlebnissen berichten **100**; passende Geräusche machen **101**; Rollenspiel entwickeln **101**; eine Geschichte weitererzählen **101**; Rätselaufgaben lösen und formulieren **103**	Schluss einer Bildergeschichte weitererzählen und aufschreiben **102**; Geschichte nach vorgegeben Kriterien sprachlich überarbeiten **102**; Satzanfänge variieren **102**; Brief in einer Geheimschrift verfassen **103**
Durch das Jahr **Seite 106–123** 	Jahreszeiten und Monate benennen **106 f.**	Pro- und Kontra-Argumente finden und aufschreiben **106**; Plakat gestalten **106**
	Herbst: Wörtersammlung anlegen (Herbst-Wörter) **108**	Wortfeld für das freie Schreiben **108**; einfache lyrische Textform kennenlernen (Akrostichon) **108**; eigenes Gedicht schreiben **108**
	Winter: Geschichte zu einer Überschrift erzählen **112**; Wünsche formulieren	Freies Schreiben zu einem Bildimpuls und/oder einer Überschrift **112**; Geschichte nach vorgegeben Kriterien sprachlich überarbeiten **112**
	Frühling: lyrischen Text betont vortragen **116 f.**	Einfache lyrische Textform kennenlernen (Elfchen) **116**; eigenes Gedicht schreiben **116**; Treppengedicht schreiben **117**
	Sommer: Geschichte zum Bild erzählen **120**; Gespräch mit verteilten Rollen vorlesen **121**	Freies Schreiben zu einem Bildimpuls **120**; Geschichte nach vorgegeben Kriterien sprachlich überarbeiten **120**
Fit mit Quiesel 7 **Seite 124–125** 		

Sprache untersuchen	Rechtschreiben/Arbeitstechniken
Wörtersammlung für Satzanfänge **102**; Geheimschriften lesen **103**; eigene Geheimschrift erfinden und verwenden **103**; Wortfeld erarbeiten: sprechen **104**; zusammengesetzte Nomen: Riesenwörter **104**	**Wiederholung:** Auslautverhärtung mit -t/-d, -g/-k und -p/-b **105**
Funktion von kalendarischen Übersichten kennenlernen: Jahreszeiten, Monatsnamen, persönlich wichtige Daten **107**	
Funktion bestimmter und unbestimmter Artikel kennenlernen **109**; mit Sprache spielerisch umgehen: Zungenbrecher **110** **Wiederholung:** Satzglieder zu Sätzen zusammensetzen (Würfelsätze) **111**	Wörter mit Sp/sp und St/st im Anlaut **110**
Unpersönliche Verben (Es-geschieht-Kategorie) kennenlernen **113** **Wiederholung:** Verben aufschreiben **113**	Verwandte Wörter mit a/ä **114**; Wörter mit vokalisiertem r **115**
Attributive Verwendung des Adjektivs **117**; Verben in den Personalformen: Wir-Form/Du-Form **118** **Wiederholung:** Funktion von Adjektiven **117**	Wörter mit Doppellauten/Zwielauten: ei/eu **119**
Bilderrätsel lösen **123**; spielerischer Umgang mit Sprache **123** **Wiederholung:** Satzschlusszeichen einsetzen **121**	Vorangestellte Wortbausteine bei Verben **122**
Wiederholung: Zusammengesetzte Nomen **124**	**Wiederholung:** Auslautverhärtung **124**; Wörter mit Sp/sp und St/st **124**; Wörter mit a/ä **125**; Wörter mit Ei/ei und Eu/eu **125**

BAUSTEINE Sprachbuch 2

Erarbeitet von
Björn Bauch, Ulrike Dirzus,
Matthias Greven, Gabriele Hinze,
Alexandra Isack und Hans-Peter Schmidt

Auf der Grundlage von Bausteine Sprachbuch 2
Erarbeitet von Björn Bauch, Petra Fuß, Anne Gottschlich, Matthias Greven,
Gabriele Hinze, Luitgard Schell und Hans-Peter Schmidt

Illustriert von
Nicole Bonzelius, Dr. Barbara Freundlieb, Julia Ginsbach,
Anke Rauschenbach, Kathrin Wolff und Frank Wowra

Abbildungsnachweis

S. 60: Caro/Oberhaeuser (Hausboot); Horst Schmidt-Brümmer Vista Point Verlag. Aus: A. Bode, M. Frey, A. Link: Wo wir wohnen. Prestel Verlag, 1999 (US-Wohnmobil); A1PIX/B (Höhlenwohnungen); mauritius images (Iglu).
S. 61: A1PIX/D (Jurte); H. Melcher, Gernsbach (Baumhaus); © F1 ONLINE (Wolkenkratzer).
S. 78: Fotostudio Druwe & Polastri, Cremlingen.

Alle Texte sind Originalbeiträge der Autorinnen und Autoren.

Druck A[1] Jahr 2008
Alle Drucke der Serie A sind im Unterricht parallel verwendbar.

Redaktion: Nicole Amrein
Herstellung: Sonja Burk
Umschlaggestaltung: Visuelle Lebensfreude, Hannover, Peter Pfeiffer (Illustration), www.biolib.de (botanische Zeichnung), www.photocase.de (Hintergrund)
Typografie und Layout: Anke Rauschenbach, Annette Henko
Satz und technische Umsetzung: tiff.any, Berlin
Druck und Bindung: westermann druck GmbH, Braunschweig

ISBN 978-3-425-**14221**-0